Féminin

DE LA MÊME AUTRICE

Sans alcool, Flammarion, 2020 ; J'ai lu, 2021.

Claire Touzard

Féminin

roman

Flammarion

« Ce livre est un roman. Si certaines situations ou des personnages peuvent s'inspirer du réel, ce récit n'en demeure pas moins une fiction, dont de nombreuses scènes ou anecdotes relèvent de la seule imagination de l'autrice, qui a souhaité éclairer le débat sur les phénomènes d'emprise et de harcèlement à l'œuvre dans les relations professionnelles. »

© Flammarion, 2022.
ISBN : 978-2-0802-6577-7

« Dans le monde *réellement renversé*, le vrai est un moment du faux. »

Guy Debord

« J'ai toujours pensé que les femmes en tant que groupe social présentent une structure assez semblable à la classe des serfs. »

Monique Wittig

*
* *

Le 7 janvier 2022 se tenait mon procès.

On est toujours déçu du décorum proposé par la justice.

Après trois ans d'attente, j'avais au moins espéré une salle d'audience boisée, agréable, avec des avocats frais et virulents. J'étais curieuse de découvrir ces barres auxquelles ils s'accrochaient avec verve pendant la plaidoirie. Mais je pénétrai dans un espace vétuste, poussiéreux, avec des chaises en plastique et un jeune type boutonneux, à peine mineur, planqué derrière un large ordinateur. La fenêtre était cassée, si bien que l'air froid s'engouffrait à l'intérieur. J'avais imaginé que le lieu serait réservé à mon affaire. Pourtant plusieurs personnes attendaient à mes côtés. Un homme avait même amené ses enfants, à moins qu'il ne s'agisse de stagiaires de troisième – deux ados sous des capuches, somnolaient dans le fond de la pièce.

Jusqu'au bout, avais-je pensé, cette histoire s'avérait médiocre.

Par le plus grand des hasards, il se trouva qu'une femme passait avant moi pour un cas de harcèlement sexuel. Dans cette ambiance pâle, un peu épaisse, j'ai observé sa carcasse fine s'avancer vers le fond de la salle. Les deux avocates se sont assises en face de la magistrate derrière une table d'école. La jeune femme s'est positionnée à gauche, légèrement en retrait. Sa silhouette était juste devant moi, de dos, je pouvais observer ses épaules frêles pendant la description détaillée des abus qu'elle dénonçait.

Ses épaules ne bougeaient pas. J'étais troublée par cette extrême immobilité, elle encaissait les mots en silence, en public, avec un stoïcisme superbe, dont je serais incapable.

En résumé : son patron lui avait fait des avances alors qu'elle avait un poste de cadre et était reconnue comme travailleuse. Il avait essayé de la coincer à un séminaire. Après qu'elle se fut refusée à lui, elle s'était vue écartée de réunions importantes. Soudain, son comportement était problématique – elle devenait, dans les notes de service, « agressive », « peu performante ».

— C'est toujours la même histoire, me souffla mon avocate. Il la séduit, elle l'éconduit, et tout d'un coup, son travail est remis en question.

Féminin

J'étais absorbée par l'issue de la plaidoirie, et il me vint l'étrange impression que j'écoutais mon jugement – ma vraie histoire se tenait là.

J'étais cette femme, et elle était moi.

J'étais bien plus agitée qu'elle, traversée par l'angoisse. La partie adverse fut terrible : méprisante, raillant presque son cas, elle n'employait que des termes bureaucratiques, du jargon d'entreprise, répétant encore et encore le mot « performance » pour mieux faire dévier l'affaire vers une vulgaire erreur professionnelle.

La fautive, c'était elle.

Face à la vérité de l'abus, on dressait un bilan de compétence clinique, cynique. Deux champs lexicaux s'affrontaient.

La magistrate, murmura mon avocate, faisait preuve d'une connaissance des dossiers remarquable, ce qui était bon pour nous – elle avait tout lu, elle avait scrupuleusement étudié les centaines de pages de conclusions des deux parties.

Elle avait écouté chaque argument avec intérêt, puis s'était tournée vers la jeune femme.

— Vous savez, je vais regarder votre plainte attentivement, madame, et jamais il ne sera question de vous dire que vous êtes une menteuse. Mais parfois nous sommes obligés de nous fier aux preuves.

Ce qui, je me figurais, était une façon diplomate de la préparer au fait qu'elle perde, car ces fameuses preuves faisaient défaut.

Cela me rappelait ce que l'on m'avait dit, il y a quelques mois.

— Il faudra des preuves si vous attaquez *FÉMININ* au pénal.

Et à cause de ces simples mots, j'avais renoncé. Pourtant je devais en avoir quelque part, sur mon ordinateur, dans mon téléphone – des photos, des messages. Mais je n'étais pas là pour cela.

Tandis que la fille se dirigeait vers la sortie, me vint la sensation fugace que mon cas avait été jugé, que je n'avais plus rien à faire là, et je lui glissai : *Bon courage.*

Elle me sourit tristement.

« Frankie Makazie, contre DISPLAY Médias »

Je fus distraite tandis que la magistrate s'adressait à moi quelques minutes plus tard.

Mon avocate avait été formidable, la partie adverse avait été molle, mal embouchée, se bornant à répéter des mensonges, contrés par des documents que j'avais apportés au dossier.

Dans mon cas, celui d'un licenciement abusif par un groupe de presse, les faits paraissaient plus évidents pour tout le monde.

L'histoire était ennuyeuse certes. Mais la loi était claire : si j'avais été embauchée au sein du journal

Féminin

FÉMININ pendant plus de cinq ans sans interruption, avec un salaire égal et des postes à responsabilité, j'étais en CDI de fait, selon la convention des journalistes, et je n'aurais pas dû me faire remercier du jour au lendemain sans préavis.

Je sentais une empathie un peu automatique à mon encontre – j'avais été lésée, je pouvais le prouver, rien n'était si gênant, je pouvais sortir la tête haute de cette audience, contrairement à la plaignante précédente.

Tandis que nous nous retrouvions sur le parvis de la cour d'appel de Versailles, je mentionnais le cas de la jeune femme, et mon avocate fit cette observation :

— Elle a eu de la chance que ce soit une magistrate humaine. Pour les cas d'abus en entreprise, c'est incroyable à dire, mais les juges sont toujours embarrassés, en tout cas les hommes sont extrêmement mal à l'aise, comme s'il s'agissait d'un cas honteux.

Elle me relata comment, à plusieurs reprises, on lui avait demandé de vider les salles d'audience quand elle évoquait un viol ou une agression sexuelle dans le cadre professionnel. Elle répondait invariablement :

— Non certainement pas Monsieur le juge, au contraire, tout le monde doit être au courant.

Ce fut à ce moment précis, que je me lançai. J'osai enfin lui confesser qu'aux prémices, je n'avais pas voulu attaquer *FÉMININ* aux prud'hommes. Que derrière mon éviction rapide, tranchante, se cachait une autre histoire, beaucoup moins racontable, et que je peinais moi-même à raconter.

Mais surtout, qu'on m'avait dissuadée de le faire.

— Ah, fit-elle avec une mine contrite. Mais alors, ce n'est pas une vraie réparation pour vous, ce que l'on a demandé aujourd'hui ?

Non, ai-je convenu. Mais j'étais en train d'en écrire un livre.

— Bonne idée. Tenez-moi au courant.

La vérité est que cela faisait presque un an que je peinais sur l'écriture de ce fameux roman, que je vivais agrippée à mon ordinateur, à écrire des centaines de pages et à les jeter aussitôt.

Cette expérience était une malédiction.

Linguistique, émotionnelle, sociale, professionnelle, personnelle.

Non seulement elle avait détruit une grande partie de ma vie, mais il m'était désormais impossible d'y apposer des mots. Ma vérité restait coincée quelque part. Et j'étais encore là, sur un trottoir, à trembler en contant des bribes de ce qui s'était passé.

Mon verdict se tiendrait le 23 mars – dans un peu plus de deux mois, me précisa l'avocate. Et nous nous quittâmes sur quelques notes d'espoir.

##

Quand je suis rentrée chez moi, mon compagnon m'attendait et je lui rapportai cet étrange sentiment, qui m'avait habitée à la cour, de m'être trompée de procès.

Il savait que mon livre était nécessaire autant qu'il me replongeait dans des affres sombres, et que je peinais, dans la solitude de ma chambre, à écrire. Je m'accrochais trop fort à ce livre, car il était ma seule justice, ma seule possibilité de divulguer ma vérité, et à cause de cela, il devenait trop important.

Ce récit que je ne parvenais pas à composer, créait un poids, terrible, il m'obsédait, j'en cauchemardais la nuit, j'asphyxiais le jour. Il me poursuivait, il demandait à éclore, mais il me prenait bien trop.

Je suis retournée à mon secrétaire, j'ai rangé le bazar qui s'y était accumulé, et j'ai repris une page blanche.

J'ai recherché la fille du procès sur Google, et j'ai trouvé une photo datant de quelques années sur un site d'entreprise : elle était d'une beauté à couper le souffle, vivante, les joues pleines, sa longue chevelure brune tombait en cascade sur une veste de tailleur. Elle n'avait rien à voir avec la fille que j'avais entrevue ce matin ; une ombre au contour des yeux violacé, amaigrie, planquée sous une doudoune trop grande.

Féminin

J'observai dans la glace mes os saillants, ma silhouette fragilisée, et je me disais que nous avions eu cela en commun.

Le désir de disparaître physiquement.

Welcome to nowhereland !

Il m'est difficile de retrouver la jeune femme que j'étais à l'époque. Je crois que nous avons tous ce problème, celui de reconquérir et de saisir, toute la complexité de nos « moi » passés.

Cette fille que j'ai été me semble très différente tout en étant une version antérieure de qui je suis désormais et donc similaire mais plus naïve, moins structurée.

Dans mon souvenir, j'avais du mal à m'ancrer dans la société.

Je haïssais les obligations administratives, je ne comprenais rien au monde matériel, aux contraintes, je ne savais même pas vraiment comment payer mes impôts ou mon loyer. J'étais passionnée, je ne marchais qu'aux shoots d'adrénaline, à l'amour, à l'écriture – mon travail me dévorait, et il fallait que j'aille bouffer chaque recoin de l'espace terrien, que je rapporte des histoires inspirées des communautés hippies frappées, des lieux peu fréquentables. J'étais romantique mais rogue, revêche, abîmée.

J'étais ambivalente, paradoxale.

Tiraillée entre chaque chose.

Entre l'envie de m'émanciper des lois et celle de les épouser par confort.

Entre l'amour marital, et la liberté que me proposait la route.

J'avais de beaux idéaux progressistes en théorie, mais en pratique je faisais partie d'une gauche molle, planquée, qui maquillait ses désirs de droite et de réussite consumériste, derrière de beaux discours altruistes.

Mon rapport au journal *FÉMININ* détint d'emblée, la même ambiguïté.

Je savais que ce type de presse jouissait d'une très mauvaise réputation. Il avait été attaqué moult fois par les militantes pour les droits des femmes, que ce soit pour son contenu « porno chic » ou son côté concon, ses injonctions patriarcales. Dans le même temps, *FÉMININ* s'était donné pour mission de catapulter le genre et d'y intégrer des plumes corrosives, engagées, et j'y voyais la possibilité d'y développer des théories féministes.

J'avais été réalisatrice et grande reporter pendant dix ans, pour les plus célèbres chaînes de télé. J'avais occupé des postes importants. Mais je désirais revenir à mes fondements et me consacrer à

Welcome to nowhereland !

l'écriture. Qui plus est, j'étais lasse de travailler dans des rédactions majoritairement masculines, et de devoir chaque jour essuyer les paroles condescendantes de mes pairs. Je ne pouvais plus supporter le sexisme du milieu audiovisuel. Je pensais qu'une équipe exclusivement féminine, pourrait m'en protéger.

Je connaissais quelques problèmes financiers. J'avais obtenu un job de remplaçante au secteur mode, par l'intermédiaire de mon amie Tara, avant sans doute, d'intégrer les pages société.

C'était temporaire.

Cela me permettait de payer mon loyer.

##

FÉMININ avait été l'un des plus grands magazines français.

Il avait régné sur ce petit milieu en se positionnant comme le pendant branché, un peu cynique du genre. La fille de *FÉMININ* se faisait grignoter par le grand capital en claquant dans les cosmétiques et la mode. Mais elle montrait un esprit acéré. Elle se ruinait en fringues Gucci et crèmes anticellulite, mais pointait du doigt la vulgarité et l'excès de chirurgie esthétique des célébrités. Elle était féministe mais docile. Audacieuse, mais soucieuse de respecter les normes imposées. Elle luttait contre les diktats tout en étant obnubilée par son poids et son style – elle n'était pas à une contradiction près.

Son ton insolent s'attaquait, au fond, plus aux femmes qu'aux industries.

Mais il avait fait sa grandeur.

Le journal avait flanché avec le départ de la première directrice de rédaction. Sa remplaçante, Anita Soler, était copieusement haïe au creux des troupes, car elle n'avait pas de positionnement clair ou tranché ; plus que de proposer une vision, elle se montrait obnubilée par le lectorat, qu'elle tentait vainement de rattraper.

Quand j'arrivai, *FÉMININ* jouissait toujours d'une belle réputation. Mais il était en perte de vitesse.

Même son emplacement géographique le plaçait aux confins de la réalité.

Sa rédaction n'était pas au cœur de Paris, mais nichée dans un complexe d'immeubles aux airs administratifs, paumé en proche banlieue nord. Son équipe se voyait parquée dans un no man's land un peu inquiétant, où s'érigeait un Formule 1 défraîchi, d'où allaient et venaient des touristes à casquettes I Love Paris. Au loin, lorsqu'on s'échappait de la bouche de métro, se dessinait une station-service abandonnée. Au pied de la tour fumée qui contenait les bureaux, une autoroute congestionnée, veineuse, s'étendait, et le seul brouhaha que l'on

Welcome to nowhereland!

pouvait percevoir, en traversant le pont qui la surplombait, était celui des klaxons.

Cet éloignement rendait la violence encore plus palpable : les journalistes de *FÉMININ* étaient calfeutrés dans un îlot lointain, où chaque mise à mort saurait être étouffée.

Mais je ne me fis cette réflexion qu'a posteriori.

##

Je me remémore souvent mon premier jour, et l'insouciance presque trop légère qui m'habitait, quoiqu'un peu ternie par mes peurs, tandis que je m'avançais prestement vers son cœur.

J'atteignis le complexe après quinze minutes de marche rapide.

J'avais choisi mes plus beaux vêtements : un jean Levi's noir, une chemise blanche, un bomber kaki et des Doc Martens. Je m'étais scrutée dans les vitres sans tain de l'entrée géante du groupe de médias, peu convaincue de l'image que je renvoyais. Une douleur aigre, m'avait lacéré l'estomac.

Cela m'arrivait souvent : mon manque d'amour-propre était tel, qu'il provoquait des remontées acides.

J'avais toujours été en proie à une forme avancée d'anxiété sociale. Le groupe, la foule – ces entités suscitaient en moi, une frayeur irraisonnée. Il me semblait qu'on finirait toujours par relever mon imposture, se jeter sur moi pour me décharner.

J'avais dissimulé, tant bien que mal, les taches jaunies sur le col de ma chemise trouvée en friperie, et je priais pour que l'on ne sente pas ma transpiration.

Le malheur n'avait posé aucun néon clignotant sur mon chemin, il s'annoncerait perfidement, bien plus tard, enserrant peu à peu mes journées, jusqu'à les étrangler tout à fait.

Mais les premiers temps, le malheur s'était bien caché, il rôdait peut-être, mais je n'avais rien senti de particulier dans l'ascenseur à part sans doute, le parfum de mes aisselles mal désodorisées.

##
Les lourdes portes s'étaient ouvertes au sixième étage sur un sas immaculé, d'un blanc presque aveuglant, comme si j'avais enfin atteint l'Éden. Des parois vitrées coulissantes dévoilaient ensuite un espace plus sombre, déjà fané par le temps, *FÉMININ* fêtant dignement ses huit ans.

J'avais jeté un œil aux alentours.

Il y avait une étrangeté, dans le fait d'arriver dans un espace design et dédié au glamour, après un périple dans le ventre rouillé et suffocant de la proche banlieue, après avoir croisé des touristes paumés, des jeunes cailleras en scoot, et un périph engorgé.

Welcome to nowhereland!

L'étage consacré à *FÉMININ* détenait quelque chose de métallique. Une forme d'impersonnalité clinique malgré les canapés rose profond qui se planquaient dans les recoins, ainsi que les quelques plantes grasses qui mouraient çà et là, à même la moquette bleu passé. On sentait que l'entreprise avait voulu investir dans du mobilier renommé, mais il était d'un tel mauvais goût, qu'on en oubliait son prix.

Le journal me donna la curieuse impression d'un club en train de fermer – l'ensemble paraissait terne, moribond, mais subsistaient quelques affiches d'alcool joyeuses et des néons fracassés.

« L'esprit *FÉMININ* » toutefois, tentait d'égayer les murs, avec des posters géants, représentant des mannequins, ou des actrices, affublées de tenues incroyables, sur des fonds noir et rose fluo pétaradant.

La fête qui y était dépeinte était clairement factice : les femmes elles-mêmes ne souriaient plus.

##

Au bout de quinze minutes, comme personne ne vint me chercher, je m'adressai à une femme postée à l'entrée. Elle était au téléphone, et faisait tourner ses boucles ondulées roux feu, entre des doigts aux ongles carrés d'une longueur infinie.

— Bonjour, je cherche Sam Dox.

— Attends, Jacqueline, il y a quelqu'un, deux secondes Jacqueline.

Elle s'était tournée vers moi.

— C'est de la part de qui ?

— Frankie Makazie, la remplaçante du pôle mode.

Norma, de son prénom, était assistante de direction. Elle avait raccroché pour me conduire dans l'open space qui prolongeait le large couloir où elle se trouvait.

Je m'étais attendue à tout sauf à cela.

J'avais fantasmé sans doute, le magazine féminin. Je pensais y croiser des dizaines de rédactrices en tailleur griffé, gueulant au téléphone, des stagiaires croulant sous les portemanteaux et les fringues siglées. J'avais rêvé de me retrouver au milieu d'une fusion de cris et de débats, de conférences de rédaction enflammées, mais au lieu de cela, voilà que je pénétrais dans un silence mou, presque ouaté, si bien que la seule agression auditive était celle du froissement de mon bomber.

Le fait que l'espace soit ceinturé de grandes vitres teintées ne laissant filtrer aucun bruit du dehors, offrait une impression d'étouffement. Au fond de la pièce, un escalier menait à une mezzanine comportant trois bureaux vitrés, qui surplombaient l'ensemble. Norma m'informa qu'y résidaient la directrice Anita Soler et son adjoint Mathieu M mais que ceux-ci s'avéraient souvent absents.

Welcome to nowhereland !

— Ils sont pris par des rendez-vous extérieurs, avait-elle commenté évasivement.

Je me trouvais dans la section mode, composée de quatre bureaux blancs munis de PC anciens. Un pré carré délimité par des étagères basses où trônaient deux bouilloires grises un peu fatiguées. Quelques invitations de marques et des photos découpées de Kate Moss dans les années 1990, habillaient sobrement les murs. Des sacs jonchaient le sol derrière le bureau de ma future cheffe de section, Sam Dox, le plus vaste, qui était orienté de façon à présider tous les autres.

Plus au nord, se trouvait la section beauté. On ne pouvait s'y tromper : au milieu de leur moquette, gisait un amoncellement formidable de parfums, crèmes, et produits cosmétiques en tout genre, empilés dans de grandes caisses translucides.

Dans l'aile ouest, se tenait le service culture & célébrités : la plus reculée des fractions, planquée derrière de nombreuses plantes fanées, posters de rock, et piles de livres. À ses côtés, le pôle art de vivre possédait un fauteuil à massage, des palmiers en plastique, entassait les objets de goût – lampadaires design, céramiques, stickers divers.

Le pôle société était le plus étendu, orchestré en une large table, il était aussi le plus dépouillé de tous – seuls quelques ouvrages politiques traînaient en pile désinvolte, sur un meuble en acier, on sentait que l'humeur n'était pas aux fanfreluches et à la déconne.

Au milieu, trônait la rédaction web. Son positionnement central, la rendait un peu vulnérable : il paraissait qu'on l'avait mise au coin, mais sous le regard humiliant de tous. D'ailleurs les femmes étaient courbées sur leurs ordinateurs, parvenant presque à faire oublier leur présence. Elles mastiquaient des aliments sous vide, ou préparés par leurs soins, dans des Tupperware où leur nom avait été inscrit au marqueur indélébile.

##

À 14 h 30 précises, des journalistes étaient arrivées en essaim, elles venaient visiblement de déjeuner ensemble, et s'éparpillèrent sans un mot. Leur présence ne sortit que temporairement la rédaction de sa torpeur car elles s'étaient bientôt penchées, elles aussi, devant leurs ordinateurs, enfilant des casques de chantier antibruit. Les deux filles qui avaient investi mon carré m'ignorèrent quelques instants, avant de se tourner vers moi.

— C'est toi alors, Frankie ?

L'autrice de la question s'appelait Joanne. Une fille débonnaire et sportive, aux cheveux coupés court, à la voix sucrée, presque enfantine, qui contrastait avec la hauteur musculeuse de son corps. Elle me montra le fonctionnement de la

Welcome to nowhereland !

photocopieuse, l'emplacement des Post-it, et m'expliqua les aléas du serveur central. Elle marquait une forme de politesse prudente, de réserve.

Je me sentais très crispée, sans en déterminer la raison exacte. Dans ce silence qui ne laissait place à aucune erreur, chaque bruit était suspect, et je contrôlais presque chacun de mes organes, pour qu'ils n'aient pas l'idée de me trahir. J'avais ce sentiment d'être épiée, alors que les têtes avaient disparu derrière la massivité des écrans, et que les doigts pianotaient en continu sur les claviers. Qu'écrivaient-elles, avec tant d'entrain, ces filles planquées derrière leurs grands ordinateurs ? Alors que je me déplaçais en crabe vers l'imprimante, je compris que Joanne était en fait sur un chat Messenger. Et comme je perçus d'autres clics discrets, mais rapides, saccadés, à l'autre bout de la pièce, j'en déduisis que les rédactrices qui s'étaient disséminées dans l'espace tout à l'heure, communiquaient ainsi – par messages secrets et interposés, sur ce fil en continu, qu'elles devaient partager.

Toutes pouffèrent à l'unisson, et j'eus la désagréable impression que ce rire, m'était destiné.

— Sam doit passer, mais elle a un défilé de mode, avait glissé Alix, qui se présenta comme notre stagiaire.

Je ne rencontrai pas Sam ce jour-là.

Elle avait oublié mon arrivée.

##

Les sept filles du chat, je le comprendrais plus tard, formaient un escadron.

Elles faisaient figure d'anciennes car elles officiaient ici depuis les prémices du journal. Elles déjeunaient ensemble, invariablement, formant une équipée discrète mais soudée. Leur point de ralliement était la machine à café du troisième étage, qui jouissait d'un espace détente, de grands canapés feutrés et de lithographies de Rothko, seuls éléments de décor un peu chaleureux dans une entreprise plutôt axée sur le minimalisme.

Joanne, Marie, Virginie, Fleur, June, Éva, et Karine.

Ces femmes n'avaient absolument rien, à première vue, de l'image d'Épinal d'une rédactrice de magazine féminin.

Virginie du pôle société, une brune au carré franc, circulait à vélo par conscience écologique, portait de vieux jeans lacérés, et des sacs à dos Décathlon. Elle adulait Benoît Hamon et croyait en l'avènement du revenu universel. Sa collègue Marie montrait un penchant pour les salopettes. On pouvait voir les lignes d'anciens tatouages tribaux sur ses chevilles, témoignant d'un passé altermondialiste. Elle passait sa vie sur le terrain, sa personnalité discrète, se faufilait dans l'actualité sans un bruit.

Welcome to nowhereland !

Fleur officiait pour le secteur beauté, mais avait cessé d'utiliser des cosmétiques depuis des années. Elle était toujours en vrac, épuisée par ses trois enfants, et par le trajet quotidien depuis son pavillon de banlieue. Alors qu'elle dédiait ses journées à vanter les senteurs florales de crèmes à 200 euros, elle humait matin et soir, l'odeur de pisse et de sandwich aux œufs du RER D.

June avait vingt-cinq ans, les cheveux roses, et pour seul maquillage, de l'eye-liner bon marché. On voyait qu'elle avait pris le job sans réel enthousiasme. Elle passait la majorité de ses journées à classer les crèmes antirides par catégories, dans une arrière-salle sans fenêtre, qui donnait un aperçu relativement exact de la décadence consumériste, générée par l'empire cosmétique.

Karine était préposée à la culture, et ne jurait que par des concerts underground ou des morceaux de chanteurs indés morts. Elle empruntait tantôt un style gothique, tantôt années 80, déboulant avec de grandes créoles et des santiags. Elle semblait être volontairement passée à côté de l'époque. Elle avait la voix rêche des grandes fumeuses, le matin, elle trimballait un effluve de tabac froid et de bière un peu tournée. Elle revenait toujours d'une interview avec une artiste « incroyable » qui « changeait sa vie ». Elle s'amusait de son côté groupie.

Éva du pôle célébrités avait le blond trop resté dans l'eau de mer, une dégaine de surfeuse, mais un caractère pragmatique et pugnace, qui trahissait des études de commerce. C'était une figure enviée, située au croisement des deux mondes, quelque part entre le royaume hollywoodien et le commun des mortels. Elle déambulait dans les couloirs avec un kit mains libres. Elle appelait les actrices par leurs prénoms. Parfois, elle lâchait des bouts de phrases cryptiques mais excitantes.

— Non bien sûr que Mélanie ne portera que du Saint Laurent !

Elle s'exerçait toutefois assez machinalement, consciente de son pouvoir, mais marquant une forme d'ennui, de désillusion.

On ne pouvait plus vraiment obtenir d'entretien exclusif ou de couverture avec une célébrité, sans passer par la maison de luxe ou de cosmétique pour laquelle elle était égérie. Les interviews tournaient moins autour des rôles, films ou disques, que des produits dont les actrices faisaient la promotion.

— Mais on trouve toujours des parades pour les faire parler de leur travail, m'avait-elle rassurée.

Le mois dernier, elle avait obtenu six pages sur Blake Lively grâce à une campagne de parfum, et elle avait réussi à lui poser au moins deux questions sur son prochain film.

Elle évoquait cela, comme un véritable acte de subversion.

Welcome to nowhereland!

##

Ces filles étaient imparfaitement normales et humaines. Bienveillantes, j'eus du mal à me le figurer à mon arrivée, car leurs chuchotements et cette position défensive qu'elles tenaient, avaient tendance à m'effrayer.

On sentait que depuis des années, elles avaient tissé une amitié indéfectible, et que cette amitié-là, était l'un des piliers forts du journal. On devinait la toile de leur sororité, qui défendait leur territoire, qui empêchait les traîtres, les malfaisants, de passer.

FÉMININ avait été en proie à plusieurs plans sociaux, qui avaient laissé leur communauté exsangue. Elles attendaient depuis huit ans des promotions et augmentations qui jamais ne venaient. Leur CDI était une forme d'asservissement. Leur geôle. Le milieu des médias étant en piètre état, elles tenaient à leur contrat avec ferveur, par sécurité, et pour autant, il les mariait à une entreprise qui ne passait pas une journée sans les humilier.

Alors qu'elles étaient le fleuron d'un milieu glamour, elles ne touchaient jamais de bonus, que de maigres heures supp, elles tenaient à leurs droits et la plupart d'entre elles étaient syndiquées.

Les filles de la machine à café n'écrivaient pas moins de quatre articles par semaine, pour une poignée d'euros, mais de quoi se plaignaient-elles ?

Elles vivaient le grand rêve *FÉMININ*.

Féminin

Et c'est vrai, qu'elles assistaient à des défilés de mode, se glissaient gratos dans des concerts. Qu'elles recevaient des cadeaux des marques, qu'elles allaient à des vernissages d'expos. Pour autant, inconsciemment, elles savaient qu'elles ne valaient pas cher – que leurs écrits, leur pensée, étaient estimés à très peu.

Je sentis, dès mon arrivée, le découragement qui était le leur.

##

FÉMININ devint bientôt ma famille de substitution.

L'entreprise ne me proposait pas un vrai contrat, certes. Mais j'avais une forme de CDI déguisé, avec des piges régulières, plus un bureau avec fauteuil en cuir molletonné.

Je décidai de m'installer dans le ventre mou mais rassurant, de son open space féminin.

Mon intégration se passait à merveille, et j'étais plutôt heureuse de mes relations avec mes nouvelles collègues. Je me souviens d'entraide, de bonnes blagues, de grandes plaintes partagées : tout ce qui fait le sel de la vie de bureau, cette macro-société fascinante tant elle reproduit les fondements de notre civilisation. Les jalousies, les ragots, les petits heurts : chez *FÉMININ* rien ne se réglait en frontal, mais tout était une bonne occasion

Welcome to nowhereland !

pour se réunir à la machine à café : cette agora excitante car secrète, où étaient conviées les « jeunes » rédactrices, c'est-à-dire les postes subalternes. Les rédactrices en chef, elles, ne se mêlaient jamais à nous. Elles constituaient une forme d'élite, et étaient bien mieux payées que leurs subordonnées.

Il y avait une hiérarchie très marquée chez *FÉMININ*. Nos supérieures détenaient un statut presque maternel, il était interdit de les contredire, ou de leur manquer de respect.

Je cravachais pour ma cheffe Sam Dox en silence, j'avais mis de côté toute sorte de rébellion.

Je me délectais de ma nouvelle position.

Je découvrais peu à peu les ramifications de notre organisation interne. Le journal se composait de macro-communautés, chacune développant son langage propre.

La rédaction était l'organe central. En périphérie de celle-ci, se tenait le service de la production – un groupuscule œuvrant en quasi-autarcie, qui organisait nos shootings, et dont le job principal était de nous rappeler de « ne pas dépasser les budgets ».

Dans une autre aile séparée par un couloir, s'étendait le royaume des stylistes : une porte d'entrée vers l'apparat pur, le deal de vêtements de grandes maisons, le shopping.

Féminin

Ces cercles fermés étaient tous reliés par des intérêts communs, même s'ils ne faisaient absolument pas le même métier.

De cet écosystème biscornu, se dégageait un équilibre précaire, les intérêts des uns et des autres, entrant souvent en compétition.

##

J'étais en remplacement au pire service, celui des « vendues » du service mode. Avec mes collègues, nous plaisantions de ce statut. Nous étions ces filles qui passaient leurs journées à parler de sandales en cuir tressé géniales, de « boy-friend jean » soudainement propulsé « it » de la saison. Je n'étais absolument pas spécialiste de ces questions, et je fus rapidement submergée par la marée d'anglicismes et de termes branchés que je ne maîtrisais pas.

Une tendance pouvait être passée, mais revenir en trombe, puis mourir l'instant d'après.

Cette conception du monde me plongeait dans un marasme de temporalités étranges. Il y avait au fond, une tonalité un peu anxiogène à foncer dans cette petite mort constante. Cela me plaçait face à mes angoisses : je craignais de ne jamais attraper le « bon » vol, d'être à côté, je m'essoufflais dans cette course un peu incessante.

Souvent *FÉMININ* confondait les épiphénomènes mode et les grands mouvements structurels.

Welcome to nowhereland!

On n'était pas écolo d'un point de vue politique, mais « cool green cet été ». Même les termes militants ou philosophiques, glissaient dans le champ de l'achat ou du style.

Le journal ne s'ancrait plus vraiment dans la réalité, mais vivait au rythme du capitalisme – son épicentre, c'était l'économie de marché.

Dans cet univers rien n'était grave, tout était éphémère. Une révolution sociale se réduisait à une image, un concept jetable. Même une cause centrale devenait une esthétique à arborer, puis à recracher.

On appelait les filles à se rebeller, à peu près sur toutes les couvertures :

Soyez punk!
Soyez hippies!

Mais cette révolution ne passait plus que par l'achat.

On était punk quand on possédait des collants Dior troués à 500 balles.

On était hippie quand on pouvait se louer une yourte à Ibiza.

Au service mode de *FÉMININ*, vous pouviez vraiment toucher du doigt l'effondrement total du mur entre la société, et le néolibéralisme.

Nos titres claquaient comme des slogans.

Pour ma part, je signais des papiers décalés, distanciés du réel, grâce à un ton « LOL ». J'avais mené une longue enquête sur la raison pour laquelle les stars fortunées, aimaient s'habiller en SDF.

Le luxe d'être tachées, avais-je proposé en titre, et nous nous en étions payé une bonne tranche.

Je souhaitais me fondre dans cet univers, m'intégrer. Je brûlais bientôt d'une petite place sécurisée, d'un moment étendue au soleil, dans le motel du glamour second degré. Quitte à créer un peu plus de creux, au fond de moi.

Le vide s'était déjà installé.

##

Quand j'étais arrivée chez *FÉMININ*, je n'avais pas déchanté tout de suite.

J'avais progressivement mis mes ambitions de côté.

Je parvenais à égrener quelques théories sociologiques dans des papiers sur le vêtement. Je plaçais quelques icônes alternatives, en ouverture de mes sujets.

Je crois qu'au fond, j'étais à un stade de mon existence où je n'intellectualisais plus vraiment ce que je faisais. J'étais dans une acceptation passive des lois tacites qui nous gouvernaient.

Tout me convenait tant que cela m'offrait un espace de liberté au-dehors, et un minimum de confort. Tant que je pouvais baiser avec des femmes ou de jeunes hommes à la sexualité un peu trouble,

Welcome to nowhereland!

picoler dans mon salon étriqué, fendre la vie dans une marge céleste, érudite, qui picorait dans le système, pour installer un engagement de façade.

Je vivais alors avec Pierre, mon ami d'enfance.

Nous partagions un appartement à Belleville, qui sentait un peu la friture, mais dont je vénérais l'emplacement, le côté chaotique et joyeux. Le trois-pièces, perché au cinquième étage d'une tour des années 1970, était gorgé d'une lumière jaune. Un antre solaire, au confort feutré, peuplé de tapis persans chinés, et de trouvailles absurdes. J'avais entreposé de vieux tableaux trouvés dans la rue. Pierre avait punaisé quelques icônes pop et queer. Nous avions, de concert, empilé nos livres près des fenêtres.

La plupart du temps, je sortais dans les soirées LGBTQIA+ mouvantes, ondulantes, dans les entrailles de Paris. Je rentrais toujours avant le petit matin. Je gardais cette anxiété des foules, que mon groupe d'amis connaissait bien, dans la communauté des marges, je me sentais toutefois en sécurité.

Pierre et moi formions un duo joyeux, auquel s'agrégeaient Tara, Valérian, Éméade, des trentenaires qui traînaient trop tardivement dans les rades, qui n'avaient pas de sexualité précise. Des garçons et des filles qui avaient souvent de « vrais » emplois : journaliste, fonctionnaire, publicitaire, directrice marketing chez Google, avocat.

Ils avaient scindé leurs idéaux de gauche et leurs obligations néolibérales.

On nous avait dit que pour être adulte, il fallait mettre ses engagements de côté, se déshabiller de nos peaux révoltées.

Nous vivions notre rébellion en privé.

La majorité de mes proches étaient gay ou célibataires sans enfants. Dans notre équipée sulfureuse, l'amitié supplantait l'obligation maritale, la fête remplaçait la monotonie des responsabilités.

J'étais une travailleuse acharnée mais le week-end venu, je me laissais emporter par cette joyeuse immaturité.

##

Ma cheffe Sam Dox s'amusait de ma plume. Sam donnait le *la*.

Elle détenait une place particulière au sein de la rédaction. Elle était très prise à l'extérieur. Son emploi du temps était englouti par des rendez-vous, déjeuners, cocktails mondains, auxquels s'ajoutaient les défilés de mode. Ces grands raouts qui avaient lieu plusieurs fois par an et dans différentes villes du monde, produisaient un roulis incessant, frénétique, qui rythmait nos écrits jusqu'à la nausée, tandis que ses images fantasmatiques, colonisaient nos pages.

Welcome to nowhereland!

D'apparence Sam avait tout d'une rédactrice de mode caricaturale, avec son blond lumineux et ses taches de rousseur délicates, d'un moucheté précis, paraissant dessiné à l'aquarelle. Elle devait atteindre les quarante-cinq ans, mais seules quelques rides, striaient timidement le contour de ses lèvres. Je scrutais ses ongles parme d'un arrondi parfait, ses sacs à main au cuir tendre, sa bouche ourlée. Elle ne paraissait jamais avoir touché la folie du monde, jamais avoir mis un pied dans le métro, tant son allure descendait directement des cieux. Elle ne portait que des teintes pastel, des matières évanescentes, ses fringues aux formes impeccables, toujours neuves, semblaient avoir été dessinées pour elle.

Pour autant, Sam avait le cœur chaud, vibrant. Elle m'impressionnait.

Derrière ses frêles épaules et sa dégaine implacable, se planquait un esprit vif, qui savait s'entourer des bonnes personnes.

Sans l'avouer, je nourrissais une petite fascination pour le type de femme qu'elle incarnait : ces femmes aux diamants sertis au doigt, avec leurs matelassés Chanel, leurs bonnes manières, m'apparaissaient comme des déesses intouchables d'un monde à part, dans lequel je n'avais pas le droit de cité. Ces femmes statuaient sur l'existence avec une idée précise de ce à quoi ressemblait le succès – elles devisaient ensemble des meilleures écoles privées, du prix des appartements dans le 17ᵉ arrondissement de Paris.

Leur col de chemise n'était jamais froissé.

Sans que je sache pourquoi, moi, la fille d'instit provinciale, un peu en vrac, avec mes tatouages, mes bombers et ma voix rauque, je nourrissais un petit sentiment d'infériorité.

Sam affichait une forme de savoir et de validation mondiale, que je ne détiendrais jamais. La féminité aisée qu'elle incarnait, méritait d'être en couv de *FÉMININ*, tout comme les « it-girls » et les « filles de » qui emplissaient la quasi-totalité de nos pages, là où la féminité qui m'avait éduquée : des femmes un peu plus abîmées, des lesbiennes, des quadras sans enfants, des fonctionnaires plus mal sapées, aux t-shirts râpés, aux baskets sans marque, était reléguée à un statut de femmes ordinaires, voire marginales.

Sans m'en apercevoir, chez *FÉMININ*, je participais à créer un système de castes dont je pâtissais.

##

Ma collègue Joanne avait un œil très acéré sur nos contradictions éditoriales.

Sans doute était-ce parce qu'elle venait du même milieu que moi. Elle était fille d'infirmière mariée à un graphiste fauché.

C'était une bonne alliée.

Welcome to nowhereland !

Elle connaissait tous les ragots, les rumeurs de la mode. Elle apportait les dernières nouvelles fraîches de cet univers clinquant, que l'on aimait moquer mais qui fascinait toujours un peu.
Le luxe. Le chiffon.
Elle connaissait les gros poissons et les seconds couteaux. Elle avait une cartographie précise du sérail qu'elle remettait à jour quotidiennement, en fonction des mutations et des placements.
Pouvoir se glisser sous le capot de la mode, dans son moteur, connaître tous les tuyaux, les batteries, les éléments mécaniques qui la composaient, semblait lui apporter une forme de satisfaction. Elle regardait cette belle arborescence comme une mappemonde dans sa chambre d'ado, et le simple fait d'être un petit pays, dans cette vaste carte, lui suffisait. Elle reconnaissait la vacuité de ce milieu, tout en l'adulant. Elle assumait ses paradoxes.
Quelques jours après mon arrivée, elle se donna pour mission de m'expliquer les règles tacites de notre service.
Nous déjeunions en tête à tête à la cantine d'entreprise.
FÉMININ partageait ce self-service avec la douzaine d'autres titres de presse possédés par notre groupe, qui s'éparpillaient dans le bâtiment. Le restaurant collectif avait été pensé comme un espace « bien-être », c'est-à-dire qu'on avait collé des mantras holistiques en orange chimique, sur ses parois

d'un gris délavé. Quelques affiches naïves et mal encadrées, d'une grande tristesse plastique, y avaient été accrochées à la va-vite. L'ensemble rappelait étrangement l'esthétique d'un hall de station-service, ou d'une salle de télé en HP.

Toutes les semaines, le chef organisait des repas à thème. Ce jour-là le Mexique était à l'honneur, et les employés portaient des sombreros en servant des tacos décongelés. Le son des mariachis était porté au maximum, rendant les conversations difficilement audibles.

— En gros : aujourd'hui, les lectrices ne nous achètent plus, m'avait résumé Joanne, en haussant de plus en plus la voix, donc pour survivre, on a besoin que les marques de mode ou de beauté, achètent des pages de publicité dans le journal.

Elle mâchait une forme de steak fin et déjà froid recouvert d'une nappe jaune curieusement élastique, que l'on pouvait identifier comme du fromage. Je scrutais ses petites dents mastiquer la surface molle, semblable à une vieille semelle.

— Nous à la mode, on doit faire en sorte que ces marques soient contentes pour qu'elles continuent à nous financer. On est obligées de les mettre en valeur, d'écrire régulièrement sur leurs produits, d'aller à des voyages de presse. Ce genre de choses…

— Obligées ?

Welcome to nowhereland !

— Oui enfin c'est plus hypocrite que ça, tu comprends.

Elle avait souri tristement, en s'attaquant à ses nachos, qui gisaient dans une masse grasse d'huile de friture.

— On fait genre : on est libres, c'est notre choix d'en parler, mais en vérité, c'est un renvoi d'ascenseur.

Je fus désarçonnée.

En gros, la plupart de nos contenus chez *FÉMININ*, étaient là pour satisfaire nos investisseurs, baptisés « annonceurs ». Sans que Joanne utilisât clairement ces termes, il était nécessaire de déguiser ces publicités, en vrais reportages ou papiers.

##
Je composais des textes kafkaïens.

Je signais quatre pages sur « la beauté intemporelle du t-shirt blanc » d'une enseigne, pour flatter son ego, car cette dernière injectait de l'argent dans *FÉMININ*.

Je touchais le fond, avec une grande enquête sur les nounours géants érigés dans des vitrines de Noël – un article de six pages pour remercier un grand magasin parisien qui lui aussi avait lâché quelques milliers d'euros pour notre survie.

— Tu vas t'en sortir. Je sais que tu as de l'imagination, ajoutait chaque fois Sam avec ironie.

Pour dissimuler la duperie, je tirais tous les fils narratifs possibles – historiques, musicaux, philosophiques. La symbolique du t-shirt blanc prenait des allures cinématographiques. J'évoquais James Dean. Je parlais de la dimension rassurante de l'ours en peluche dans un monde en pleine crise économique.

Je faisais de la sociologique de comptoir.

Je déguisais ma pensée en général.

J'écrivais d'un chandail rose fluo affreux qu'il détenait une « certaine modernité », je racontais que tel designer était un « génie altruiste », alors que c'était un sombre connard opportuniste.

J'employais beaucoup trop de mots et d'esprit à convaincre le monde que la mode était un univers formidable car il nourrissait le journal et me permettait, au passage, de conserver mon métier.

Pourtant la mode et le luxe bouffaient les mots, les aspérités, les révoltes, la possibilité de montrer une féminité autre, une civilisation réaliste. Ils passaient tout au Kärcher capitaliste, et à la « normalité » bourgeoise. Dehors, la crise économique battait son plein, les SDF zonaient à ma porte, les femmes se battaient pour jongler avec leurs jobs et leurs enfants, et si *FÉMININ* se sentait concerné par leur quotidien, son objectif secret restait de préserver ses « annonceurs » et de ce fait, de draguer les femmes qui pouvaient s'acheter des cabas à trois mille balles.

Welcome to nowhereland !

Même si *FÉMININ* prétendait le contraire, seule la femme cadre était visée.

Si le contenu naviguait parfois vers l'underground, qui venait ébouriffer quelques pages, ou se penchait sur la vie de femmes fortes et vraies que l'on trouvait « formidables », il fallait toujours barrer intelligemment, pour que le contenu plaise à cette cible privilégiée.

C'était passablement déprimant.

Heureusement, avec Joanne, nous riions de toute cette absurdité, nous refilant avec malice, les papiers les plus ingrats. On préférait en parler avec humour, comme si au fond, nous étions détachées de nos emplois, et que nous n'y voyions plus qu'une activité alimentaire.

Le journalisme devenait une simple source de revenu, un pis-aller.

Il n'y avait pas le choix.

##

De manière générale, je pratiquais le déni total.

Entre autres, au sujet du manque de diversité dans le journal. *FÉMININ* se voulait représentatif du large panel de la féminité contemporaine mais les mannequins que le magazine photographiait et épinglait comme iconiques, étaient toujours sensiblement conçues selon le même moule : blancs, riches, faméliques. Les filles noires, grosses, ou d'origine maghrébine, bref toutes les femmes sortant de ce prétendu « idéal » eugénique passé à la tronçonneuse Photoshop, n'apparaissaient que très rarement en couverture ou dans les séries dédiées à la mode – ces histoires visuelles de vingt pages, mettant en scène des modèles dans différentes situations, et qui invitaient in fine au shopping.

Les personnes racisées ne pénétraient dans l'enfer blanc que de temps en temps, avec parcimonie. Pour avoir droit d'y siéger, il fallait être Beyoncé, ou du moins, afficher un haut grade de notoriété. Le reste du temps, on rangeait plus volontiers les femmes non blanches, dans les faits d'actualité – elles n'étaient pas « cool » mais présentées au cœur d'un phénomène choc qu'elles incarnaient. Elles donnaient lieu à des reportages à l'esthétique brutaliste, que l'on planquait parmi dix feuillets de séries mode avec des blondes diaphanes.

— Ce n'est pas notre faute, se dédouanait la direction, quand certaines stylistes ou membres de l'équipe râlaient.

Ce n'était pas notre faute s'il n'y avait pas assez de modèles noirs, mais celle des industries de la mode et cosmétique, qui avaient bâti une économie sans aspérités. Les maisons de luxe, les marques de fringues et de produits de beauté, les agences de casting avec qui *FÉMININ* collaborait

Welcome to nowhereland !

– voilà les grands coupables. Ils ne montraient qu'un stéréotype unique de la femme.

C'était pareil pour Hollywood : du blanc, encore du blanc !

Il ne fallait pas se démarquer trop fortement.

Souvent, la directrice ou le directeur de la rédaction en place, rejetaient la faute sur la pression exercée sur eux par la direction. Le racisme et la misogynie, c'était toujours la faute de quelqu'un d'autre, mais dans l'ensemble, jusqu'à ce que la diversité soit à nouveau « tendance » quelques années plus tard, *FÉMININ* continuait à vanter un modèle unique de la féminité, à quelques menues variations près.

Il y avait, inconsciemment, la « bonne » féminité, et l'autre.

C'est le système économique, qui avait modelé cette rigole invisible, mais aussi, notre pleutrerie.

Notre aveuglement.

À la rédaction, seules deux femmes avaient des parents issus de l'immigration. Une seule, détenait un poste conséquent.

##

Le magazine vivait sur une faille saillante.

Deux vents contraires s'affrontaient : le désir de s'exprimer librement, se cognait sans cesse à l'obligation de caresser une féminité consumériste pour mieux subsister.

Féminin

Nous devenions un monstre à deux têtes, composant tant bien que mal, avec la schizophrénie ambiante.

On pouvait dénoncer le diktat de la minceur, et quelques pages plus loin, faire un dossier sur les régimes de l'été. Nous déconstruisions les injonctions pour mieux astreindre les femmes à s'y conformer, si bien que l'existence même de notre type de presse, n'avait plus vraiment de sens. Le féminin que nous soutenions, me faisait souvent penser à un bâtiment vide. Il faisait partie des excroissances qui poussaient au cœur de la société capitaliste, des récits inventés de toutes pièces, mus par le désir de vendre. Je me figurais souvent la mode chez *FÉMININ* sous forme de tour.

Elle était un leurre, une architecture poreuse, branlante, sur laquelle on avait jeté un ensemble flou de violence, de désirs sexuels, patriarcaux, colonialistes, néo-libéraux, à travers les millénaires. Cette tour finissait par être complètement dissociable de ce qu'étaient en vérité les femmes. Elle ne les servait pas, elle les rendait serviles. Elle les faisait pencher. Sa structure même aurait dû s'effondrer, pour mieux nous libérer. Plus que de faire un balayage de surface, il aurait fallu repenser son ossature.

Mais personne ne s'y attelait.

Pour moi, le journal ne faisait rien de pire que le système qui le soutenait. Il n'était pas un appendice

Welcome to nowhereland !

isolé et ingrat, à mépriser – il était le reflet de la civilisation. Notre journal était à l'image des années 2010, et de ses classes moyennes et bourgeoises, paniquées par l'état du monde, mais incapables d'être véritablement ancrées politiquement parlant.

Nous ressentions la violence de notre système, les effets ravageurs de son effondrement et pourtant, nous persistions à croire en son bien-fondé. Quitte à mettre sous le tapis, les images un peu plus sales.

Tout le monde affichait alors cette distance minutée avec le réel.

Nous oublions le fond social, pour foncer vers le grand capital.

C'était beaucoup plus joli à regarder.

##

Toutefois, il ne faudrait pas caricaturer FÉMININ.

Depuis sa création, nombre de journalistes de sa rédaction s'étaient employées à écrire des grands papiers, société ou politique, de qualité. Il y avait une cellule de réflexion, dont je me rapprochais de plus en plus.

Ce service dédié à l'actualité, n'avait pas de chef, mais une hydre à deux têtes, composée de Virginie et Marie. Virginie venait d'un canard illustre, et avait fait Sciences Po. Son adjointe Marie avait bossé en politique. Toutefois, elles auraient pu composer une enquête digne du Pulitzer, que personne ne l'aurait notifié. Le milieu de la presse méprisait ouvertement le « féminin », auquel il n'attribuait aucun sérieux. Marie racontait souvent qu'elle avait été maintes fois récompensée pour des articles parus dans la presse quotidienne ou masculine, mais jamais pour des textes de la même envergure publiés dans nos pages.

FÉMININ était un journal de « bonnes femmes » et de fait, on le traitait avec un mépris gentillet, on flinguait son contenu sans même l'ouvrir. Il y avait une impossibilité à redresser la barre qualitative car de toute façon, les a priori sur le travail d'une rédaction uniquement féminine, en faisaient une revue de seconde zone.

Les rédactrices de *FÉMININ* donnaient beaucoup de cœur, pour être parfaitement dénigrées à l'extérieur. Cela éteignait les dernières braises de leur enthousiasme.

S'ajoutait à cela cette sensation de devenir parfaitement inutiles depuis la victoire des formats numériques. Pendant des années, la société nous avait conspués – nous, les journalistes, les infâmes, les bonimenteurs, la congrégation terrible des fouineurs.

Depuis l'avènement du digital, voilà que l'on nous remplaçait.

L'équipe de *FÉMININ* buvait beaucoup. De plus en plus même. Au lieu de se retrouver à la

Welcome to nowhereland!

cantine, on se rejoignait le soir, sur le parvis de la mairie avoisinante, pour s'enfiler des verres de vin ou de mojitos, devant des planches de charcuterie qualité Super U.

##

Pour moi, la dénomination « féminin » était en soi problématique.

Le simple fait de penser qu'il existât une prétendue culture féminine face à une culture masculine était stupide, et participait à diviser la société en patries inexistantes. Le magazine féminin ne devait ni se réinventer, ni se moderniser, il devait imploser littéralement avec l'idée qu'une définition du « féminin », soit possible.

D'un autre côté, je culpabilisais à l'idée de cette pensée révolutionnaire, car cela signifiait mettre une majorité de femmes sur la paille.

Dont moi.

Aussi je me rassurais ; ne signions-nous pas, quand même, de beaux articles ? Des papiers qui faisaient avancer la société ? C'était, répétais-je à mes amis, un équilibre à trouver entre le futile et le profond, le superficiel et la vérité nue.

Le fait qu'un magazine féminin puisse être intégralement brillant et vérace, ne me traversait même plus l'esprit.

Féminin

Je commençais à oublier que je m'y étais engagée pour dénoncer son système de l'intérieur.
Je me vautrais délicieusement dans la facilité.

***

Cinq ans plus tard, mon éviction fut animale de brutalité.

Le 16 avril 2019, une femme, l'éditrice du magazine *FÉMININ*, c'est-à-dire la supérieure hiérarchique du directeur de la rédaction, plantait ses yeux dans les miens, et me disait que je ne travaillais plus pour eux.

J'étais virée.

Certes, j'avais apporté beaucoup au journal pendant toutes ces années, répétait-elle. Certes, elle adorait mon travail, elle ne le remettait absolument pas en question.

— Tu sais à quel point j'aime ton travail.

Des couvertures de hors-séries que j'avais moi-même bâties, figuraient derrière elle, comme des trophées. Malgré cela, et donc, sans raison apparente, elle me limogeait. Sa seule excuse, était que je n'étais pas assez « rentable », c'est le mot qu'elle a beaucoup répété, en m'indiquant des tableaux Excel.

Rentable.

C'était étrange, tout à coup, de percevoir ce métier que j'ai tant aimé, et pour lequel j'ai tant sacrifié, comme une vulgaire courbe de chiffres, dans lequel je n'incarnais qu'une menue variable. Je remettais soudain en question, tout ce que j'avais accompli pour mes anciennes rédactions.

Sans doute avais-je été naïve : j'avais toujours imaginé que nos plumes étaient des valeurs ajoutées, que nos visions comptaient malgré tout, au-delà de notre capacité à être efficaces, et à vendre, mais mes derniers relents un peu candides, s'effaçaient soudainement, devant la vérité nue.

Le journalisme, était une industrie comme les autres.

##

Il y avait là une donnée doublement hypocrite, puisque notre milieu m'avait toujours seriné que nous étions une grande famille. Cette image d'un clan uni, comme celle d'une industrie fantastique, fantasmatique, avait accompagné mes années de métier. Au fond, nous avions de la chance de faire partie de cette usine à rêve, de ces émissions de TV clinquantes, de ces fanzines révolutionnaires, de ce milieu intellectuel et brillant, nous étions des petits élus, des enfants turbulents, mais tout à fait heureux.

Welcome to nowhereland !

Ce vocabulaire, je n'avais jamais réalisé à quel point il nous encerclait de la possibilité de la maltraitance – puisque nous avions la chance d'être acceptés dans la meilleure famille de substitution, avec des parents absolument géniaux et célèbres, nous étions censés éviter la plainte, endurer, courber l'échine.

Des enfants mal aimés. Des enfants silencieux.

Nous étions une tribu formidable, mais si l'un de nous mouftait, l'ouvrait trop sur ses droits, si nous désirions être un peu considérés pour nos talents, notre opinion ou notre vision, la punition était sévère. Soudain, papa et maman revêtaient leurs habits du CAC 40 pour nous expliquer que c'était bien gentil tout ça, nos petites passions et nos espérances, mais ce qui comptait, et nous ne l'avions sans doute pas bien saisi, c'était notre rentabilité.

Au nom de cette rentabilité, nous étions formidablement interchangeables. Une industrie qui se prévalait de valoriser les écrits, qui forgeait notre paysage intellectuel national, n'en avait en fait rien à cirer de ses penseurs – ils n'étaient que des petites vis dans leur gros moteur.

À la moindre altercation.

Bye-bye.

Quand je quittai le groupe de médias ce jour-là, j'observai le bâtiment qui l'abritait. Je n'avais jamais réalisé à quel point il ressemblait à un établissement bancaire, avec ses vitres fumées, sa modernité sombre – il n'y avait rien, même d'extérieur, qui pouvait faire penser à ce fabuleux « canard » que nous cherchions à bâtir.

Quand aurais-je dû le réaliser ?

Pourquoi avais-je été aveugle, pendant des années ?

Les semaines suivantes, je m'employai à faire le chemin inverse, de ce qui s'était passé chez *FÉMININ*.

Des images, des saynètes me revenaient, dans un ordre aléatoire.

Elles s'agrégeaient, pour devenir une voie tracée, un chemin balisé vers la chute.

J'avais dû, pensais-je, avancer avec des œillères.

Car il n'y a aucun doute sur le fait que tout était là, bien en place, pour imploser au sein de *FÉMININ*, dès mon arrivée.

Plus tard, attablée à mon secrétaire, je retraçai un à un les signaux d'accablement, de folie.

Les étincelles, préfigurant l'incendie.

Vol au-dessus de la crise

Il y avait une forme de rêve illusoire, que l'on tentait de toucher chez *FÉMININ*, et qui nous faisait oublier la réalité de nos statuts.

La quête du privilège absolu.

Je découvrais peu à peu qu'il existait un véritable flux, invisible aux yeux des non-initiés, mais incontournable pour le monde des médias.

Le flux des voyages de presse.

Les marques déplaçaient des armées de journalistes à travers le monde, leur créant une seconde vie pastiche, composée de défilés prestigieux, de buffets grandioses, de concerts privés. Elles les cajolaient, les choyaient. La contrepartie, bien sûr, était que ceux-ci et celles-ci écrivent des papiers conséquents sur leurs produits.

Les attachés de presse zélés organisaient des balades en chiens de traîneau en Alaska, pour obtenir un article sur une doudoune.

Féminin

Ils orchestraient des périples en avion privé, en hélicoptère, à Cuba, Majorque, Dallas ou Kyoto pour avoir un papier de deux pages sur une paire de tongs, ou une collection de maillots.

La mode brassait du rêve, s'inventant en grande pourvoyeuse des désirs les plus fous. Rien n'était assez grand pour contenter les rédacteurs et bâtir un récit superficiel mais jouissif, dans lequel les lectrices puissent se lover grassement.

Les budgets étaient infinis.

Nombre de grands titres français se mêlaient à ces petites colonies VIP. Eux aussi possédaient des suppléments ou des pages art de vivre, qu'ils devaient remplir, et un beau voyage même trafiqué, cela faisait toujours joli à regarder.

Leurs meilleures plumes se joignaient aux journalistes de féminins, ainsi qu'à des influenceurs pour former des équipées joyeuses.

Tout le monde signait à l'issue du séjour, des articles dithyrambiques, d'un enthousiasme démesuré, ivres et exaltés par les soins qu'on leur avait octroyés. Personne n'allait critiquer un investisseur aussi généreux. Ces papiers se distillaient dans de nombreux journaux mais les lecteurs n'y voyaient que du feu – ils pensaient, avec confiance, qu'il s'agissait de véritables épopées. La pratique était perverse : le plus souvent, le nom de la marque était noyée dans l'introduction, ou son lien Internet se trouvait à la fin du texte. On alpaguait le lectorat grâce à un récit épique, pour mieux le renvoyer vers un achat qui lui permettrait, à lui aussi, d'accéder à ce beau rêve.

Nous avions muté en une autre espèce, dans laquelle la déontologie était un terme lointain, presque risible.

Notre journal parlait de transgression, d'avant-gardisme.

Mais n'étions-nous pas plutôt, le cœur pourri du système ?

J'avais effectué des centaines de voyages de presse.

Le concept était, chaque fois, sensiblement le même.

Nous embarquions en business class ou en première, nous étions accueillis à l'aéroport par des chauffeurs, avant de glisser jusqu'à des hôtels cinq étoiles où les oreillers étaient brodés à nos initiales. Des cadeaux nous y attendaient : une tenue pour le soir, une étole en soie, un sac à main, un bijou.

Lors d'un de mes voyages, on m'offrit un iPad et un iPhone, pour mieux « expérimenter la marque dans sa formule digitale ».

Nous n'avions que très peu de travail sur place, quelques menues interviews, l'essentiel était de vivre des aventures qui puissent nous inspirer, pour écrire des publireportages exaltés.

Je m'envolais pour 48 heures à Los Angeles, New York, Tokyo, Kyoto, Milan, Stockholm, Londres, Singapour. Et sans doute que j'oubliais des destinations, tant elles devenaient des points sur des cartes, des zigzags dans des aéroports, des nuits dans des fauteuils Emirates ou Air France, mais surtout des séjours inodores et incolores, se ressemblant tous, car orchestrant des simulacres de découvertes – d'un pays, d'une culture.

Le côté terrible de ces périples, outre leur empreinte carbone démentielle, et le gouffre financier qu'ils représentaient, venait du fait qu'ils vendaient du vide.

Un vide retentissant, saisissant.

Malgré la diversité de destinations et de marques, il me semblait partir chaque fois dans le même endroit avec des personnes indistinctes. Comme dans *Un jour sans fin*. Les pays se succédaient, mais les séjours proposés, n'en montraient que les fanges fastueuses et donc biaisées.

L'expérience du luxe paraissait être une nouvelle obsession mondiale, sans que personne ne sache vraiment redéfinir ce que le luxe voulait dire, à part consommer. Les hôtels et restaurants dans lesquels je résidais, n'offraient qu'un style standardisé, basé uniquement sur le confort, déconnecté des pays dans lesquels ils étaient implantés. Au mieux, ils recyclaient quelques codes ethnographiques, se réappropriaient des rites locaux, avec parfois, des visions aux relents clairement colonialistes.

Ces séjours me laissèrent le même sentiment qu'un repas chez McDo : chaque fois j'étais excitée à la vue du menu, mais j'en revenais mal à l'aise, coupable, je sentais que ma faim grossissait, mais j'étais de plus en plus lourde, endormie. Je n'étais jamais totalement repue.

Grandissait en moi progressivement le sentiment d'être la honte suprême de mon joli métier, d'abîmer ma passion.

Puis on m'appelait pour partir à New York ou Londres, le jour suivant, et voilà que je repartais, galvanisée, avant de retomber en dépression, constamment sur un fil tendu au-dessus du réel, qui pouvait rompre à tout moment.

Le privilège, identifiais-je, était une mauvaise drogue.

##

J'étais restée deux jours à Sydney pour poser deux questions à un mannequin lingerie.

J'avais passé plus de temps à visiter le zoo et à sillonner la baie en voilier qu'à réellement travailler.

Une semaine plus tard, j'étais conviée à passer un week-end au célèbre Château Marmont à Los

Féminin

Angeles. Une marque française tenue par des nouveaux riches enthousiastes voulait coloniser les États-Unis de leur « french chic ». Elle avait loué l'espace piscine pour une soirée annoncée comme légendaire. Je me trouvais autour du point d'eau sur une table trop fleurie, avec de jeunes comédiens américains en vue, qui avaient été payés plusieurs milliers de dollars pour y figurer, et fumaient de la weed dans les toilettes.

On ne parlait jamais de rien, dans ces dîners, sauf de business, en le faisant passer pour une passion, une originalité – seul ce qui rapportait, ramenait le plus de followers, intéressait.

Au cours du dîner, une convive que l'on qualifiait d'« égérie connue » avait abusé du digestif sans rien avaler, et s'était effondrée sur sa chaise.

— Elle a déjà fait deux rehab, m'avait soufflé mon voisin.

Je pouvais observer à travers le monde, les ravages de notre « féminin » qui embrigadait les femmes. Les stars obsédées par leurs poids, les influenceuses obnubilées par leurs fringues, cette illusion de pouvoir, qu'octroyaient la consommation, les codes du paraître, mais cette prison que tout cela traçait in fine.

Une prison mentale, sociale, charnelle. Une matrice qui dressait les femmes et qui les empêchait de se libérer tout à fait.

Vol au-dessus de la crise

Un acteur de second plan, dont je ne me souviens plus du nom, m'avait proposé d'assister le lendemain à une soirée dans les collines de Topanga, pendant laquelle il devait ingérer de l'ayahuasca avec une chamane locale. Beaucoup d'acteurs d'Hollywood pratiquaient cette prise de drogue mystique deux ou trois fois par mois, pour redonner un peu de sens à leur vie.

J'avais, depuis longtemps, perdu la direction de la mienne, lui avais-je répondu, et cela aurait été avec plaisir.

Mais le lendemain, je m'envolais pour Ibiza.

Quelques heures plus tard j'étais logée avec un groupe d'instagrameuses dans une immense villa. Ces célébrités des réseaux sociaux généraient des avis paradoxaux au sein de notre métier : on les méprisait, car elles incarnaient la fin du prestige de nos formats et du « vrai » journalisme, pourtant elles suscitaient une forme d'intérêt jaloux.

Nous étions toutes conviées par une marque anglaise dans « un cadre cool et gypset incarnant parfaitement l'enseigne », dixit le mail que nous avions reçu. La dénomination de « gypset », m'avait expliqué l'attachée de presse avec un sérieux désarmant, était apparue il y a quelques années. Le terme, qui avait déjà été l'objet d'un livre, combinait la notion de « gypsie » et celle de « jet-set ». Pour résumer sa philosophie : il s'agissait d'un courant de personnes très aisées financièrement, qui aimaient toutefois voyager de façon bohème.

J'avais grimpé sur un yacht. Pendant que je plongeais dans la mer turquoise, toutes les influenceuses étaient restées sur le ponton, de peur de mouiller leurs cheveux, et donc, de foirer leurs selfies. Le soir, nous avions toutes dîné dans la villa, sur une large table boisée, au milieu d'énormes cruches en grès qui étaient censées donner une ambiance artisanale et rustique au lieu. Des serveurs vêtus d'habits authentiques, pompés sur les folklores locaux, avaient également été prévus à cet effet.

La créatrice, selon les informations que j'avais pu glaner, achetait des tissus très bon marché dans des pays paupérisés, négociait âprement des tapis au Maroc, pour les revendre au triple du prix, dans de grandes villes européennes.

Je tentais de lancer la conversation sur le film qui venait de sortir sur Margaret Thatcher, car la majorité des filles étaient britanniques, mais tout le monde avait moins de vingt-cinq ans, et ne savait pas vraiment qui elle était.

— Elle est productrice ? avait demandé une fille.

Elle possédait un Instagram art de vivre baptisé « Cool girl around the world » qui avait pour ambition à large échelle, d'assortir des lieux à ses tenues.

— Personne ne l'a jamais encore fait, n'arrêtait-elle pas de répéter en fin de soirée.

Vers minuit et un peu bourrée, elle me confia à quel point une guerre ouverte, avait lieu entre les filles de sa profession.

— Le monde de l'influence, avait-elle conclu, c'est sanglant.

Le séjour avait d'ailleurs mal tourné.

La marque avait laissé un immense dressing à disposition des convives, dans lequel elles pouvaient se servir librement pour se photographier et engranger des likes pour elles, de la visibilité pour la marque. L'une des filles, avait « volé » et porté la tenue fétiche d'une autre convive, et cette dernière, l'avait jeté dans la piscine.

Bye-bye brushing.

Le journalisme digital était alors perçu comme une sous-espèce de notre profession.

À part quelques revues malignes qui s'étaient calquées sur des succès comme celui du *New York Times*, cherchant rapidement à fidéliser leurs lecteurs en ligne, la majorité des journaux se bornaient à publier sur leur site des articles légers, des « putes à clics » comme on les appelait, et la considération des équipes responsables de ce contenu s'avérait peu honorable.

Féminin

L'équipe du web m'intriguait : elle avait été posée là, dans le noyau central de notre rédaction, et pourtant, elle était parfaitement dissociée de nos activités.

Telles de bonnes citoyennes de seconde zone, ses rédactrices savaient s'effacer. Elles composaient jusqu'à six articles par jour. Des génératrices de signes à la chaîne, qui venaient au journal en legging, ou en tenue de yoga, pour plus de confort et donc de productivité, car ainsi elles pouvaient endurer huit heures sans aller aux toilettes. Fut un temps, un écran avait trôné au-dessus de leur tête, affichant une courbe de popularité : on pouvait y lire les papiers les plus consultés, invitant à produire une info sur demande.

Le vent tournait, et le digital obsédait notre groupe de médias.

Il saisissait tardivement qu'il fallait changer de stratégie et cherchait d'autres formats pour sauver nos derniers bastions de lectorat.

La direction avait ordonné que nous « incarnions » désormais nos écrits, en parlant à la première personne du singulier dans le format papier, car les « lectrices adoraient les textes incarnés comme sur les réseaux sociaux ». Chaque article devait être accompagné de notre photo avant d'être reformaté, pour apparaître en ligne. Au lieu de garder une ligne éditoriale qui ferait la différence, on rognait l'info et élimait nos récits.

Vol au-dessus de la crise

J'essuyais les plâtres de ce virage improvisé, lors d'un reportage à New York.

On m'avait alors contrainte à partager mon aventure sur Instagram. Je me sentais acculée, j'avais à peine le temps de sentir le pouls de la ville que je devais poster, poster, et encore poster mes appréciations. Je devais remplacer le temps long du sentiment par la fugacité de l'émotion. Rien de tout cela n'était organique pour moi.

Cette exposition nouvelle ravivait ma plus grande paranoïa. Elle entrait en collision, avec la tyrannie de mon surmoi.

Je craignais d'en faire trop, et de narguer les autres.

Ou au contraire, de me laisser aller à mes pensées les plus caustiques, et de perdre mon métier.

Chacun de mes selfies, donnait lieu à des réflexions politiques, de piètre qualité.

J'avais envie de tout commenter, avec un ton acerbe : de railler les sachets de pop-corn griffés, que l'on nous avait distribués à l'entrée de la boutique dont on fêtait l'ouverture, de raconter l'ennui de ces pinces-fesses mondains, dans lesquels tout le monde déposait son ambition, pour ne récolter que de la mélancolie. Mais cela m'était interdit.

Après plusieurs essais de commentaires humoristiques, dont je censurais la part la plus drôle par diplomatie, j'abandonnai.

Féminin

Je finis par poster de belles images creuses de Manhattan, des cartes postales joyeuses, dans laquelle j'apparaissais en petit personnage risible. J'effectuais des V de la victoire avec les doigts, en imitant des « duck face ». Je me photographiais devant l'Empire State Building qu'on ne voyait que partiellement, si bien que l'effet fut raté. Dans des restaurants chics, je capturais mon nom sur les invitations en carton, la vaisselle en porcelaine, m'extasiant sur les six plats proposés avec des points d'exclamation.

Je haïssais pourtant, et depuis toujours, ces signes de ponctuation.

Pierre était hilare. Il me textait :

— Ta nouvelle vie de it-girl, mais sans succès.

##

J'avais jusqu'alors refusé de me rendre aux défilés de mode, dont je pressentais l'excentricité, la brutalité mal cadrée.

Mais Sam essuya bientôt des problèmes familiaux, et me demanda si je pouvais la remplacer. Le premier événement auquel j'assistai, présentait une collection de prêt-à-porter féminin d'une des plus grandes maisons de luxe.

La grande messe se tenait dans le jardin des Tuileries.

Vol au-dessus de la crise

J'étais descendue à la station de métro Concorde et j'avais saisi d'instinct, que le quartier avait été aspiré par l'aura démentielle de la mode.
Concorde n'était plus Concorde.
Des masses d'hommes et femmes se déplaçaient, soulevant la poussière de leurs grandes pompes noires. Leurs corps massifs vêtus de guêtres fluides, leurs silhouettes de croque-morts superbes, avec leurs gros bijoux en métal, détenaient quelque chose de fantomatique et de pictural. Ils tranchaient dans le paysage : un pigment ébène dans un bleu cyan. Je m'étais lancée dans la fourmilière, inculte, vierge, encore neuve de tout cela.
Je traversais le jardin parisien mythique, sous un grand soleil froid.
Autour de moi les êtres semblaient aimantés par la forme virginale, magistrale, qui se détachait au loin : un immense chapiteau conique au nom d'une maison de luxe, attirait tous les corps. Les silhouettes se mouvaient lestement, dans un rythme qui leur semblait familier, et que j'apprendrais plus tard à imiter.
Le rythme pressé, excédé, de la mode.
Un grand vent d'hystérie supplanta alors, le calme de cette cavalcade silencieuse. Les photographes formèrent bientôt une masse opaque, faite de cris de joie et d'onomatopées, autour de quatre molosses, encerclant une divinité. J'entrevis une actrice très en vogue. Tout ce petit monde avançait

avec habitude dans cette folie bien orchestrée et c'était cela le plus fascinant : ce monde qui ne s'arrêtait pas de bouger, qui se déplaçait comme s'il avait été activé, derrière le décor somptueux, par une manette invisible.

« Par ici », « Le profil » !

Les cris des photographes continuèrent à accompagner la procession jusqu'au défilé, ces mots jetés négligemment, ces phrases éclatées, créaient une mélodie curieuse, qui se brisait dans les airs.

Je notais rapidement que dans la mode, le langage était réduit à sa plus petite fonction.

Les hommes et femmes qui se rendaient au show échangeaient peu entre eux, s'asseyant dans un brouhaha sans paroles, pour regarder des corps défiler à quelques centimètres. Cette proximité ne semblait pas les déranger : comme si les individus et surtout des mannequins, n'avaient pas d'existence charnelle. C'était dans cette froideur, que l'on sentait la main glaçante du business.

Tout avait été rigidifié, cryogénisé, par la pression de l'argent.

Même les icônes conviées ce jour-là pour donner un peu de soufre moderne, perdaient leur substance, leur aura se diluait dans la tyrannie de l'apparence. Leur démarche saccadée, leurs poses, en faisaient des hologrammes. Des images gelées.

Tous semblaient sortir du cadre logique de l'humanité.

Vol au-dessus de la crise

Lorsque je pénétrai à l'intérieur du défilé, l'espace d'accueil était sombre comme les entrailles d'une bête noire, et je m'aventurai d'un pas incertain dans un grand corridor feutré, sur les talons d'autres convives toujours pressés. L'immense couloir, haut de plafond, débouchait sur une salle à la luminosité blanche et crue, où des corps flous se positionnaient progressivement sur des estrades.

La fresque qui s'offrait alors à ma vue, paraissait à la fois très bien organisée, à la fois chaotique. La place de chacun était correctement indiquée, les estrades étant délimitées par des panneaux comportant des lettres : A, B, C, D, E, F.

Le rang 1 était celui où il fallait être assis.

L'attitude blasée mais légèrement débonnaire, des personnalités qui s'y trouvaient, laissait transparaître leur pouvoir. Leur décontraction était celle du succès. Tous jouaient des coudes comme des enfants, murmurant à l'oreille du voisin, se regardant d'un air entendu, le menton légèrement positionné en hauteur. Y figuraient les sommités – ceux qui détenaient de l'influence dans le milieu : qu'ils soient directeurs et directrices de rédaction mais aussi acheteurs de très grands magasins, influenceuses et instagrameurs aux millions de vues, stars et icônes, actrices et personnes en vue. Un aperçu du pouvoir actuel, qui se résumait de plus en plus, au nombre de followers possédés par chaque individu.

Féminin

Ce rang 1, m'avait expliqué Joanne, se nommait le front row. Il suscitait toutes les convoitises. Il figurait comme le Graal absolu, le sceau de votre prestige. S'il était acquis pour les stars, conviées pour insuffler du glamour à l'événement, il était, pour les subalternes de la mode, un travail de longue haleine – on n'arrivait pas à ce rang-là par hasard et sans des années de labeur et de ronds de jambe à l'industrie. Pour les rédactrices et rédacteurs, le front row, signifiait que vous « pesiez » : soit que vous étiez à la tête d'un titre reluisant, soit que votre plume avait un certain écho. Sam ne se rendait pas aux défilés, à moins de figurer à ce rang qui lui était dû, et qu'elle avait acquis, à force de manœuvres. Jamais, m'avait soufflé Joanne, elle n'accepterait d'être déclassée.

Il existait donc un podium plus puissant que celui du défilé lui-même : les estrades contenant les convives, sur lesquelles se jouaient une lutte des classes tacite et un challenge à mort, pour accéder visuellement en pole position.

J'errai bien dix minutes, entre les photographes, les corps déboussolés.

La lumière aveuglante inondait mon visage, je sentais l'humidité qui se logeait sous mes aisselles, créant une zone fluviale dans mon dos. Je décidai de braver les côtés du catwalk pour accéder à l'estrade C, passant devant de nombreux regards qui Dieu merci semblaient affairés à se contempler eux-mêmes.

Lorsque je gagnai l'estrade dédiée à la presse française, je fus désarçonnée.

Les rangs étaient déjà touffus – le deuxième et le troisième comptaient une forme de surpopulation, les silhouettes s'agglutinaient les unes aux autres. Joanne m'avait également expliqué ce phénomène. Pour éviter l'humiliation d'être logé au quatrième ou cinquième rang, des rédacteurs feignaient d'être mieux placés en arrivant plus tôt, et en s'asseyant sur un rang inférieur à celui figurant sur leur invitation.

Les petites gens de la mode, derrière le prestige du rang 1, jouaient des coudes pour exister. On préférait asphyxier au rang 2 qu'être à l'aise au rang 5, avec une meilleure vue.

Sam m'avait donné sa place et j'y allais en son nom, je jouissais donc d'un emplacement au premier plan. Au début, je n'osais pas m'asseoir, car je voyais bien qu'on m'observait déjà en coin. Je ne désirais pas provoquer un scandale. Mais je n'avais pas vraiment le choix. Les autres journalistes avaient l'air éreintés, et ne parlaient d'ailleurs que de cela.

— Vivement que ça se finisse, lâcha un rédacteur d'une cinquantaine d'années. La plupart de mes voisins tapotaient sur leurs téléphones, ou échangeaient sous cape avec des sourires entendus, parfois une blague un peu forte fusait, mais globalement tout le monde paraissait être là sous la contrainte. Un supplice, commentait-on, en s'éventant avec son carton d'invitation. Cette posture du rédacteur las et débordé, selon Joanne, s'avérait usuelle. Les rédacteurs de mode incarnaient un paradoxe vivant. Ils grognaient sans cesse contre le rythme effréné des collections, mais ne pouvaient vivre sans elles. Là était, avais-je rétorqué, le propre d'une addiction : on reconnaît qu'il s'agit d'un vice destructeur, mais on se rue dessus en permanence.

En face de nous logeaient des personnalités bien plus exubérantes. Des silhouettes impeccables, d'une justesse rare, travaillées jusque dans les moindres détails. Vous trouviez tout ce que vous pouviez fantasmer d'un défilé de mode : des lunettes de soleil immenses, des pantalons en vinyle, des bottes rutilantes, des pièces qui n'allaient jamais ensemble, sauf sur celle ou celui qui les portait – leurs cadavres exquis, formaient une pièce baroque mais savante, incompréhensible pour le plouc lambda. Chaque coupe de vêtement, d'une précision chirurgicale, projetait une excentricité étudiée, un carnaval parfaitement millimétré. Je remarquai les chaussettes de toutes ces créatures, un accessoire essentiel car il apparaissait sous les spotlights, quand vous figuriez en front row.

Vous faisiez vous aussi, partie du show.

Vol au-dessus de la crise

Je planquais tant bien que mal, mes socquettes de sport Monoprix.

Me vint l'idée, bientôt entêtante, de courir jusqu'à la sortie, et de ne plus jamais remettre les pieds ici. Je sentais une énergie mauvaise, qui m'avalait tout entière. Quelle dureté ce regard des autres, qui glissait sur moi, cette course à l'apparence qui rampait autour de nous, tout cela me transperçait les os.

Mais est-ce que les gens, m'observaient réellement ? Ou était-ce mon propre jugement, dont je sentais le verdict glaçant ? J'étais sans doute ma pire ennemie. Moi qui n'avais rien à faire là, qui étais tout à fait étrangère à ces codes.

Bientôt, je parvins à calmer un peu ma paranoïa, à me dire que tout cela n'avait aucun sens. Personne ne me scrutait. Je relâchais mes épaules, me croyant sortie d'affaire, quand j'entendis soudain un :

— Excusez-moi, ce sont les rangs 1 ici.

Je levais la tête avec stupeur. Un type maigre, à la voix nasillarde, avait prononcé cela de façon très articulée, et suffisamment fort pour que les rédacteurs à sa gauche cessent de parler.

— Ah OK, mais je suis là, je crois.

La salle s'était tue, car nous étions à quelques secondes du levée de rideau, dans ce moment de silence fébrile avant le spectacle. Les photographes avaient disparu. Il n'y avait plus que l'œil suspicieux de cet homme, debout devant moi, dans un creux sonore de plus en plus retentissant.

— Ah euh, pardon, c'est parce que j'ai la place de Sam Dox.

— Montrez-moi.

Il s'adressait à moi comme si je venais de vendre du shit à un enfant de sept ans, et je réalisai qu'on m'avait rarement aussi mal parlé : ce n'était pas tant le ton sec, mais le mépris qui s'y logeait. Un dédain froid mais souriant, poli. Mon sang se glaça, littéralement, quand je pris conscience que j'avais jeté le carton, et je bafouillais piteusement une excuse.

L'homme délivra la sentence rapidement :

— Je vous demanderai d'aller vous asseoir tout en haut, à moins que vous soyez Sam Dox, merci pour votre respect.

Je me levais péniblement sous le regard de mes camarades de rang. J'escaladais les marches jusqu'au rang 6, où se tenaient quelques stagiaires bien habillés. Leur excitation grimpa à la vue de cette petite humiliation, qu'ils s'étaient empressés de commenter d'une gentillesse trop poisseuse pour être honnête.

Après le défilé, le type vint me présenter ses excuses, car il avait reçu un appel de Sam entretemps, mais personne n'assista à la scène, si bien que cela n'avait pas vraiment d'intérêt. Toutefois, je ne fus pas la seule à connaître des déconvenues en public. En voulant quitter le show trop rapidement, courant vers sa Mercedes de fonction, une rédactrice célèbre se prit une vitre en plein visage, la confondant avec une voie de sortie, et le bruit fit frémir, puis rire sous cape toute la congrégation. Ma mésaventure fut vite oubliée face au ridicule de cette femme. Je m'employai, comme tout le monde, à rigoler publiquement du malheur d'autrui.

Et ainsi s'acheva mon premier jour sur les défilés de mode.

##
L'expérience de ces événements, fut chaque fois plus douloureuse.

La seule chose que j'aimais au fond, dans ces spectacles de quelques minutes, rapides, brutaux, était de disséquer à la loupe ce cercle de vanités dans lequel nous étions tous entraînés. Cette obligation de représentation, qui rigidifiait les corps – il fallait un certain temps, pour capturer à l'œil nu, tout le malaise social qui se dégageait de ces saynètes.

Les apôtres de la mode, pour la plupart, étaient des freaks qui cherchaient une famille d'adoption.

En les scrutant de plus près, sur les défilés, je voyais des petits gros complexés, des jeunes femmes en manque de validation. Des anciens exclus des cercles populaires, rêvant d'artifices, de beauté, d'être propulsés plus haut, de se venger de leurs anciens comparses, qui les rejetaient au lycée.

Sans doute est-ce pour cela, qu'ils tenaient tant au vêtement, au lustre de leurs chaussures, qu'ils craignaient plus que tout d'être out – parce que dans leur appartenance à la mode, se logeaient tous leurs désirs brûlants d'enfants molestés, leur soif d'ascension sociale, de revanche. Leur place au premier rang des défilés, déterminait toute leur capacité à ériger une autre histoire que celle à laquelle on les avait destinés.

Être out c'était retourner symboliquement là d'où ils venaient, c'était être marginaux, lésés, abusés, médiocres. Ils s'étaient trop battus pour s'en sortir, ils ne pouvaient se permettre de faire un faux pas, de se planter de baskets, ou de it de la saison.

Ils usaient de toutes les stratégies pour être validés : ils parcouraient les soirées en vue, cultivaient leurs Instagram, leurs réseaux – les personnes avec lesquelles ils s'affichaient, étaient leur plus bel accessoire. Tout était pensé au détail près pour être vu, mais surtout bien vu. Dans le même temps cette quête restait à jamais inassouvie. Les gens de la mode étaient d'éternels outsiders dans un milieu qu'ils crevaient d'intégrer, car personne ne pouvait les rassurer sur le fait qu'ils « en étaient » vraiment.

Vol au-dessus de la crise

Je voyais là un phénomène qui s'étendait au monde en général : si nous rêvions tous de notre quart d'heure de célébrité sur Instagram, comme l'avait compris Warhol, c'était une obsession, un désir jamais abouti, car personne ne détenait le label final, et ne pourrait jamais nous rassurer sur notre valeur, ou notre importance. Ce désir d'être vu, plus, toujours plus, racontait tant de l'abandon terrible que nous devions ressentir. Étions-nous assez vus ? Assez in ? Existions-nous suffisamment ? On pouvait mourir en se posant encore la question.

##

La mode connaissait cette soif immense de reconnaissance. Elle installait une hiérarchie illusoire entre les êtres, entre ceux qui en sont et ceux qui n'en sont pas. Vu de l'extérieur, cela pouvait paraître tout à fait absurde, une mauvaise retranscription du film *Le diable s'habille en Prada*, mais après des mois d'observation, j'avais pu vérifier à quel point ce cénacle de personnes, qui ne révolutionnait absolument rien, qui n'était qu'un composant d'un business gargantuesque, s'imaginait être au Panthéon.

Pourquoi ?

Parce que l'industrie générait cette lubie. Il suffit d'aller à un défilé pour comprendre à quel point elle vous donnait l'impression d'être au-dessus du commun des mortels.

Être adoubé par le luxe, à notre époque, avait plus de valeur que gagner le prix Nobel : cela signifiait que vous étiez en haut de la chaîne alimentaire, juste après Dieu.

Le luxe finançait de plus en plus de gros titres en France, il s'était immiscé dans des canards célèbres, quel que soit leur ancrage politique. On ne pouvait comprendre son aura vampirique, qu'en siégeant dans ses rangs, et en observant sa capacité à rassembler l'ensemble du pouvoir économique, fédérant les plus gros noms de la presse écrite, des médias, comme toutes les figures puissantes de l'industrie culturelle.

Musiciens.

Artistes.

Acteurs.

Ils étaient tous là, payés, entretenus, sponsorisés, par le luxe.

Et moi la première.

##
Vu de l'extérieur, ma vie était démente. Palpitante.

Elle devenait un mensonge bien ficelé, une histoire censurée. Mais le pire est que je m'y accoutumais. J'avais pris le pli de me glisser dans cette seconde peau. Quand j'atterrissais à Paris, je me rendais à des assemblées générales pour les sans-papiers, avec Pierre. La nuit, je m'infiltrais dans le lit de garçons ou de filles qui conspuaient le système.

En dehors de *FÉMININ* je prétendais être une jeune femme bisexuelle, engagée et moderne. Mais le jour, je passais mon costard de jeune hétéro idéale, rêvant d'un CDI, d'une bonne situation maritale, allant au travail en chantonnant, sillonnant la planète pour devenir une plume à la botte du luxe, pour vendre de la mode en bloc et du bluff en tranches, à des femmes qui s'en doutaient, mais qui elles-mêmes, jouaient le même jeu, sans doute pour les mêmes raisons.

Par confort.

Par peur de ne pas réussir. D'être marginales.

Nous étions sans doute des milliers, à emprunter ces schémas éculés, par habitude ou crainte de faire un écart, alors que nous fantasmions de voir tout s'effondrer. Nous continuions à museler notre féminité, à mettre en péril nos idéaux et notre liberté.

Cela nous évitait d'avoir à tout déconstruire, à nous mettre à nu, à chercher d'autres voies pour exister.

J'avais ce fantasme de plus en plus lancinant, de tout brûler. De m'introduire la nuit, dans la rédaction déserte, et d'y mettre le feu.

Je souhaitais, au fond de moi, être excentrée de cette féminité-là, pourtant je restais en son sein, jeune fille assagie et biberonnée aux fantasmes absurdes, que j'avais appris à ne plus questionner.

##

J'avais commencé à parfaire ma garde-robe, avec les milliers de cadeaux que je recevais tous les jours. Je possédais un sac Chanel, pas l'original matelassé, certes, mais un joli modèle en coton, dont j'arborais le sigle crânement. Une des marques sur laquelle j'écrivais régulièrement m'avait offert un bomber, ressemblant à mon ancien modèle trouvé en friperie, mais au prix affiché de 2 000 euros. Une autre enseigne, voyant mon goût pour les gros bijoux en métal, m'avait couverte de boucles d'oreilles architecturales.

J'upgradais.

De plus en plus, mon physique, mon allure, mutaient. Je faisais riche. On voyait mon sac, on voyait mes bijoux, les baskets de luxe que l'on m'envoyait par pelletées. Les vendeurs se détendaient à mon arrivée dans les boutiques aisées, je ne me déplaçais plus jamais en métro, mais en Uber, j'enfilais des lunettes noires, offertes elles aussi, car j'étais épuisée. Les voyages se succédaient, ne me laissant jamais de répit, ma vie était une plage horaire moite, infinie, sortie de la temporalité du monde.

Vol au-dessus de la crise

Je vivais dans une récréation permanente, un monde reconstitué.

Je survolais la société, sa misère, ses emmerdes socio-économiques, en jet privé, en première, en BMW avec chauffeur.

Mes voisins de Belleville apercevaient, estomaqués, de grandes caisses rutilantes noires aux vitres fumées, venir me chercher en bas de notre immeuble crasseux et je ne manquais jamais de me prendre quelques remarques perfides de la concierge. Si mon train de vie avait drastiquement changé, mon salaire restait le même, et je ne pouvais déménager, ou penser à acheter – mon contrat étant temporaire, les agents immobiliers, eux, se fichaient bien que je passe ma vie dans des cinq étoiles.

Le contraste entre ma nouvelle vie et la réalité de mon statut, était inquiétant.

Je dormais dans des suites de palaces, qui faisaient parfois le double de mon appartement.

D'apparence tous mes principes de gauche, toutes mes barrières activistes avaient cédé. Et c'est vrai que je me laissais parfois aller pleinement et allègrement au confort illusoire de ma nouvelle vie, à ce nouveau personnage que *FÉMININ* avait fait de moi : cette fille un peu punk mais qui se réinventait en célébrité, cette journaliste fauchée qui exhibait pourtant son American Express et sa carte Air France Gold, qui s'énervait sur la lenteur de son dernier chauffeur, qui ne supportait plus

Féminin

l'huile d'olive de supermarché, depuis qu'elle avait goûté aux mets fins arrivant direct d'Italie.

À cette fille, il lui fallait toujours plus de voyages, plus de cadeaux.

Joanne me rassurait. Selon elle, nous méritions tout cela. Nous étions peu considérées dans notre entreprise : il fallait voir cette seconde vie, comme une compensation.

De toute façon, je n'arrivais pas à décrocher, comme une tox en manque, il me semblait de plus en plus, que mon statut, ma féminité, n'existait qu'à travers ce rang que la mode me conférait.

##
Sans doute que moi aussi, au fond, je désirais « en être ».

C'était une ambition vague, certes, mais partagée par des milliers de personnes dans le monde entier.

« En être » était devenu une nouvelle religion.

En être, quelque part, nous sauvait un peu de la bassesse du monde, de la misère à laquelle nous étions tous prédestinés. La mode c'était l'upgrade sans passer par le labeur des grandes études, c'était le plongeon direct dans le monde du faste et du pouvoir.

Les jeunes convergeaient tous vers cet univers car ils voulaient être cool, et engagés, sans perdre en confort. La mode l'avait compris ; elle leur offrait un discours exaltant. Elle utilisait intelligemment les codes du progrès social, attirait les jeunes LGBTQIA+ avec leurs messages inclusifs, les féministes avec un imaginaire transgressif, elle développait un discours exubérant, elle enrubannait ses objectifs de vente, dans de beaux discours militants.

Une esbroufe prosélyte, à peine dissimulée, qui séduisait.

La mode utilisait l'incertitude des jeunes, leur peur de n'être personne, de subir la crise de plein fouet, et leur promettait de devenir quelqu'un. Elle leur offrait un terrain de jeu pour performer le genre, usait des éléments de langage propres à la liberté d'expression.

Elle était devenue le piège doré de la contestation.

Elle jouait avec les désirs de changement des mômes, pour mieux leur refourguer des sacs monogrammés ou les transformer en vampires du grand capital.

Et la véritable pensée alternative, avait bel et bien disparu.

On confondait ainsi mode, et mode de pensée.

##

Pour moi aussi, le beau devenait un rang, une identité.

Il était devenu ma façon d'oublier la tristesse ambiante, de me projeter dans une vie meilleure, une société plus juste – il suffisait de remplacer les images trop dures de la précarité, par des visuels d'aventures à l'esthétique léchée, pour être certaine de ne pas être touchée par l'infamie du quotidien.

Je me spécialisai bientôt dans le mouvement « hipster » qui incarnait un « liant formidable » titrait-on, entre l'art de vivre et l'underground. Le courant alternatif avait vu le jour à New York et proliférait à Portland, s'étendant progressivement dans chaque coin du continent européen. Sa définition était assez aléatoire mais disons qu'il réunissait des nostalgiques d'un temps ancien, où l'on mangeait et portait, de « vraies » choses en vivant dans de « vrais » habitats.

Les hipsters cultivaient un côté hors du temps. Ils colonisaient les quartiers populaires, provoquant la gentrification des villes – ils poussaient les populations à faibles revenus dans des banlieues encore plus lointaines, à la grâce de leurs cafés branchés et de leurs boutiques « authentiques » qui s'y installaient.

Le beau gagnait du terrain, ses cellules se démultipliaient, dans les entrailles des villes, comme sur Instagram.

Les hipsters ne pouvaient pas mieux symboliser notre époque : ils ne revendiquaient rien, sauf de consommer plus joliment. Là où le grunge avait continué à dénoncer le système, les hipsters avaient cédé : ils ne le déboulonneraient jamais. Au contraire ils y trouveraient leur intérêt, en créant des objets, des vêtements, une musique, qui flirtaient avec la nostalgie des temps passés. Ils créaient du design cher mais pointu, avec des matériaux nobles, écolos – ils étaient les snobs, les avant-gardistes du néolibéralisme, et tout le monde voyait en eux, la nouvelle révolution. Ils ne proposaient aucune philosophie, mais c'est cela qui plaisait – pour entrer dans leur confrérie, il n'y avait pas vraiment besoin de grands idéaux, il suffisait d'avoir de beaux livres que l'on ne lirait pas, mais qui servaient de décoration, comme de jolis plats, dans des intérieurs naturels mais élégants, à Los Angeles ou à Marfa, où beaucoup d'entre eux se regroupaient dans des caravanes « chics » habillées de meubles de designers et de plaids incas.

Je traquais tous les hipsters de la planète, je me nourrissais, m'engorgeais de beau, je ne voulais plus que cela : vivre dans l'illusion esthétique, dans cette fausse idée que la société retrouvait les couleurs du mouvement hippie. Je m'étais enfermée dans une grande revue aux clichés sépia – j'avais l'impression que la beauté, suffirait à pallier le vide qui se creusait en moi.

Je parcourus la Californie, le Nouveau-Mexique, cherchant de plus en plus des trentenaires barbus à chemises en flanelle, ou en pantalons work wear, exerçant des métiers artisanaux, et qui diffusaient une imagerie passéiste et virile, quoiqu'un peu émotive.

Les filles elles, avaient de longs cheveux blonds, elles étaient toujours un peu lascives, vagues, elles formaient des groupes new age, fabriquaient parfois des meubles en rotin, écrivaient de la poésie incompréhensible, en tout cas le cœur de leur projet, évoquaient toujours des références picturales.

L'invocation à la nature était très fréquente.

On s'émouvait beaucoup des grandes plaines, d'une imagerie néocolonialiste ou amérindienne, on était réactionnaire tout en ayant l'air marginal. Et visuellement, c'est vrai que mon existence devint passionnante. Elle se mua en fresque exaltante, où se succédaient les cabanes en bois près de grands lacs, les motels revisités à Ojai, les docks d'artistes en Oregon, les cascades au milieu des montagnes, les communautés en Arizona, les bars chaleureux, rustiques, boisés, où l'on mangeait des plats vegan sous de faux trophées de chasse en papier crépon, avec des types tatoués, et des filles sublimes en grosses pompes de randonnée, mais en robes blanches virginales.

Les fleurs dans les cheveux, les céramiques brutes, les grands tapis mexicains où l'on s'allongeait pour fumer des joints.

Les concerts de longues tiges à franges, avec leurs voix spectrales, que l'on écoutait en sirotant du vin nature fait maison.

Pendant un temps, au lieu de traquer le fond du problème, et la déroute de notre civilisation, les jeunes singeaient les courants passés en s'habillant comme leurs grands-parents, croyant peut-être dévoyer le sens de l'histoire. Mais pour effectuer cette révolte jolie, douce au toucher, il fallait de l'argent et bientôt, tous ces jeunes bien fringués, avec cet imaginaire forestier, sauvage, durent aller bosser à la Silicon Valley, ou faire du fric d'une quelconque façon.

Bien manger, bien décorer, bien s'habiller, avait un prix.

On était hippie le week-end, dans sa grande maison payée par la start-up nation.

##
Je m'amusais.

Toutefois une caméra subjective m'accompagnait et grinçait des dents, devant la futilité de mes nouvelles ambitions. Cette caméra était là, vissée à mon esprit, zoomant avec cynisme sur mes journées. Elle m'espionnait en train de gesticuler comme une démente. J'employais des décilitres de sueur, des kilomètres de pas pressés, j'engrangeais les miles, les destinations, mon cerveau furetait toujours sur les mêmes questions, des pensées en boucle, diffuses, comme des petits bourdons, qui piquaient mon ego, et encombraient mon être.

Où sera mon chauffeur ? Pas trop loin j'espère, je suis crevée.

Ai-je les bonnes chaussures ?

Merde, je n'ai pas DU TOUT les bonnes chaussures.

Et mon jean ! Merde, il était à la mode la saison dernière.

Je fais un selfie ? Ici ?

Non là ?

Trop vulgaire, avec ma pochette Vuitton ? Elle est cool cette pochette Vuitton ou pas ?

Plutôt là le selfie ?

C'est quoi ma place sur ce show ?

Ah non il est hors de question que j'aille au troisième rang.

Merde, untel m'a vue, j'étais au second rang, je devais avoir l'air tellement conne.

Je mentirais si j'affirmais avoir eu suffisamment de cerveau, de recul et d'humilité, pour ne pas avoir plongé tout à fait dans ce monde clinquant, pour ne pas avoir partagé les pensées les plus idiotes, pour ne pas avoir voulu être la mieux sapée, la plus cool, avoir désiré être shootée par les photographes peuplant l'entrée des défilés.

J'avais voulu, avoir ma place au paradis.

L'idée que cela ne soit pas le cas, m'insupportait. Le fait que je puisse générer ce genre d'idées, m'insupportait encore plus. J'étais coincée entre la superficialité de mes propres désirs, et cette caméra constante qui semblait de plus en plus rire à gorge déployée, grassement, en m'observant m'agiter comme un petit pantin désarticulé.

Un pion sur l'échiquier, qui voulait être la reine.

##

Sam adorait les cadeaux.

Les marques lui envoyaient des dizaines de paquets par semaine, pour la remercier d'avoir écrit tel ou tel article. Des pardessus en cachemire, des baskets siglées, des bijoux en or massif déboulaient en continu dans notre service.

Les objets que Sam recevait, étaient à la hauteur de sa position. C'est en tout cas ce qu'elle aimait penser. Elle me confia un jour cette obsession. Comme pour mieux abjurer la faute, comme pour que je lui pardonne : elle savait qu'il s'agissait d'un vice exécrable. Mais elle ne pouvait s'en empêcher.

Elle détestait adorer les cadeaux, elle se flagellait, et puis elle y retournait le jour d'après.

Chaque matin, selon le même rituel, elle arrivait les bras chargés de grands sacs en plastique blancs et râlait, car elle n'avait pas encore reçu « le » paquet qu'elle attendait. Elle appelait une première fois les coursiers pour savoir si celui-ci n'était pas arrivé entre-temps. Elle passait un second coup de fil quelque part autour de 11 heures puis frénétiquement entre 11 heures et 18 heures, si celui-ci ne se montrait toujours pas. Si le paquet ne venait pas, son impatience se faisait croissante, on la sentait tendue, obsédée par l'objet absent.

— La dernière fois que machin a oublié de lui envoyer les mocassins fourrés que TOUTES les rédactrices avaient reçus, ça a chié, m'avait un jour soufflé notre stagiaire Alix, dont la principale fonction était devenue de réceptionner les fameux présents.

On sentait une faim ardente, dévorante, chez Sam de posséder : chaque cadeau supplémentaire, lui donnait l'impression d'exister.

Sam avait ses bons côtés, ne cessait de répéter Joanne, comme une doctrine obligatoire, mais elle avait du mal à contenir sa frustration. Son insécurité se muait souvent en colère sourde, et il valait mieux ne pas en être à l'origine. J'avais eu vent d'un conflit sanglant, qui s'était déroulé avant mon arrivée. Ma N+1, comme on l'appelait dans un triste jargon d'entreprise, avait failli frapper le directeur technique avec une agrafeuse, en le traitant de « sale pédé ». Les faits n'étaient pas certifiés, mais ils avaient été dûment relatés à la machine à café. Tout avait commencé par ce que l'on appelait en journalisme, une « coquille », c'est-à-dire une erreur de frappe dans un mot. Sam avait écrit huit pages sur une maison qu'elle adulait. Elle ambitionnait de recevoir un grand manteau qu'elle avait repéré dans leur nouvelle collection. Mais le titre avait été transformé par erreur, et au lieu de faire l'apologie des « blouses » de l'hiver dessinées par cette maison, il avait été écrit, en gras, dans une police énorme :

« LES BOUSES DE L'HIVER »

Sam avait failli défaillir – jamais le créateur en question ne lui pardonnerait cette bévue. Adieu le pardessus. Elle avait déchargé sa haine sur Arnaud, qui était, en bout de chaîne, le responsable des relectures.

— Tu te rends compte de ce que je risque ???? ARNAUD. Si tu passais moins de temps à boire le soir avec tes copines tantes, tu serais plus concentré. ENCULÉ D'ARNAUD !!!

##

J'assistais à de nombreux esclandres.

Je priais secrètement pour ne pas être le prochain objet de son affliction.

Un jour Sam humilia Joanne en public car celle-ci avait osé porter une chemise à jabot qu'elle avait commandée. Le fait que sa subalterne reçoive le cadeau avant elle, l'avait brisée.

Souvent la fureur de Sam dégringolait aussi rapidement qu'elle était montée. Quelques heures plus tard, elle se confondait en excuses, singeant l'enfant blessée. Elle semblait avoir besoin de ce défouloir : cette possibilité de se laisser aller à ses émotions, de délaisser les filtres de la politesse, de déverser sa colère sur quelqu'un, de sortir les pires insanités, même si quelques heures après, elle fondait en larmes : non, elle n'était pas homophobe, oui elle s'en fichait des chemises à jabot, elle ne savait pas bien ce qui lui avait passé par la tête, la fatigue, la pression sans doute... Pouvaient-ils lui pardonner ?

Elle invitait Arnaud, Joanne, à déjeuner, et plus personne n'évoquait l'incident. Sam manquait d'assurance, et était sur le qui-vive permanent. Elle se persuadait qu'on allait lui voler son poste ou l'éjecter. Chaque micro-événement qui pouvait remettre en cause son hégémonie, la métamorphosait.

Il fallait satisfaire son ego, son besoin d'attention maladif, ses employées lui servaient d'exutoire, et Joanne elle-même, avait dû être arrêtée plusieurs fois car elle montrait des signes d'épuisement psychologique.

J'avais aimé Sam parce qu'elle crevait sous les névroses, parce qu'elle se montrait vive, et brillante. Mais je sentais parfois, que sa haine allait se retourner contre moi.

Aussi je me tenais à carreau.

Je riais avec elle, lui rendais les papiers à l'heure, je ne critiquais jamais son appétit pour les mules fourrées et les jeans à deux mille balles.

Vol au-dessus de la crise

J'apprenais à caresser la Sam blessée.

##
Un dégoût de la mode, s'installa peu à peu en moi.

Cette satanée caméra subjective ne cessait de me montrer des gros plans, des plans larges, des plans serrés de mes journées, en y pointant le ridicule, le vain, le risible. Je ne pouvais plus y échapper.

Ces voyages qui déplaçaient des cohortes de journalistes à travers le monde, coûtant des millions, me paraissaient de plus en plus invraisemblables.

Mais plus que cela, l'espoir faux que cet univers colportait, celui de donner un sens à notre vie, me répugnait. J'étais parcourue, très régulièrement, par une nervosité, un agacement, car à chaque voyage, je cherchais une réponse, un sens à tout cela, je m'attendais à croiser sur mon chemin, une seule raison pour laquelle tout ce cirque existait.

Mais il n'y en avait aucune.

Je voyais les chapiteaux dressés, les décors plantés au cœur des villes, les lieux investis par des milliards d'estrades, les arbres que l'on érigeait juste pour l'occasion, les fontaines et les forêts gigantesques reconstituées, les milliers de personnes invitées, les ballets de berlines, les lumières étourdissantes, les podiums grandiloquents, immaculés, les fleurs fraîches à peine coupées et à peine jetées sur les immenses tables de réception, les valets, les serveurs, les verres en cristal, les hélicoptères griffés, je scrutais la beauté racée du papier à invitations, les lettrages composés à l'encre de Chine, je sentais toute cette agitation aussi délicate que furieuse, ces milliards dépensés dans les détails, et au fond de cela, le creux funeste du néant.

Des pensées sombres m'envahissaient.

Chaque fois, en quittant l'excitation dense de ces événements, la chaleur indolente des espaces cossus, en sortant des lieux monstrueux et rutilants où j'étais logée, je prenais le taxi vers l'aéroport et tandis que mes congénères de voyage, attachés de presse ou journalistes, pianotaient sur leurs téléphones, je regardais défiler progressivement les immeubles ravagés en périphérie du rêve : la zone partout, l'insalubrité, la tristesse des bâtiments délabrés, quand vous vous éloigniez des beaux quartiers.

Comme quand je quittais le HLM où j'avais vécu étant enfant, j'observais les petites fenêtres des grands oubliés, les silhouettes cabossées des zones périurbaines, et alors, je sentais le poids terrible de la misère du monde s'écraser sur mes épaules.

J'égrenais ma peine avec Pierre et son nouveau petit ami Vincent – un grand garçon brun, timide et cérébral. Quand j'atterrissais à Paris, nous dînions dans un bistrot du quartier, dont le rapport qualité-prix forçait le respect.

Pierre était déprimé.

Selon lui nous appartenions à une génération perdue. Nous étions tous et toutes en proie au mal-être, à la perte de sens. L'alternatif était bien mort, et nous mourions avec lui.

Pierre était en colère contre lui-même. C'était un parvenu.

Il s'affirmait d'extrême gauche, il n'avait pas raté une fête de l'Huma, mais cela était parfaitement schizophrène, car il bossait dans la pub et passait ses journées à cibler des jeunes en ligne pour leur refourguer des produits inutiles.

Quant à Tara et Éméade, elles feignaient de bosser à l'amélioration de l'éthique chez Google, mais elles empochaient juste des « K », tout n'existait plus qu'en « K », nous avions tous oublié notre valeur, au-delà de celle de l'argent. Nous avions cru que faire du blé n'était qu'une passade, avant de suivre nos desseins véritables, mais nous étions restés coincés dans le système, et puis, quitte à y être, nous avions brûlé d'y briller, et c'en était terminé, de nos belles idées.

Nous étions piégés.

Lors de mes périples je me terrais de plus en plus le soir dans mes chambres d'hôtel, en scrutant à mes pieds les villes s'animer et s'éteindre, et je nous imaginais très haut dans les airs, loin de la société – perdus dans le territoire que la folie capitaliste avait engendré.

À côté de la vérité.

Je ressentais une vive tristesse, un écœurement massif.

##
Toutefois, je m'étais fait quelques amis dans le milieu.

Il y avait nombre de filles et de types, qui avaient atterri là par hasard, ou après une succession de mauvais choix. On les reconnaissait à leurs vannes laconiques et à leurs airs atterrés. D'autres étaient de vrais passionnés du vêtement, célébrant une mode artistique et plus sociale, qui avait selon eux disparu. Ils fantasmaient un temps révolu, se cachant la réalité brutale.

Tout le monde paraissait globalement désenchanté.

Le plus terrible n'était pas les personnes qui composaient ce système : ce n'était ni les attachés de presse, au fond plutôt sympathiques et eux-mêmes dépressifs, ni les designers talentueux mais exténués.

Le pire, était ce que ce milieu disait d'eux. Ce qu'il disait de moi.

De nos désirs pour l'humanité.

Vol au-dessus de la crise

Ce qui était choquant, ce n'était pas tant que ce spectacle existe, mais l'importance qu'on lui attribuait. À quel point il était omnipotent, validé, comme la bonne autoroute à prendre, comme le seul récit à admirer. Même les plus grandes figures de l'engagement dans le milieu artistique devenaient égéries du luxe, faisant rêver des milliers de jeunes, qui brûlaient d'être repérés sur Instagram, qui employaient chaque heure de leur temps à entretenir leurs corps, à économiser pour acheter un sac, une paire de baskets. Et même si le monde changeait, que la mode permettait de bousculer les représentations, de brouiller les codes genrés, cela n'enlevait rien au fait que la réussite passait irrémédiablement par l'image lucrative.

Produire de l'image.

Y injecter tout son cerveau, son temps, sa force, alors que parallèlement, le monde sombrait.

Il n'y avait plus que cela : l'empire du Soi.

Cette érection croissante de notre narcissisme avait pris toute la place dans nos vies, remplissant sans doute un creux idéologique, remplaçant notre foi.

Avec Instagram, nous étions à l'apogée de la société du spectacle de Debord – l'individu était devenu metteur en scène de sa propre existence.

Que cherchions-nous à atteindre à travers ces logorrhées d'images, de selfies ? Voulions-nous toucher une forme d'immortalité ?

Féminin

Allions-nous ainsi gratter l'œil divin, pour être validés, avoir la certitude d'exister plus, plus fort que les autres ?

Qu'est-ce que cette surproduction de clichés, ces versions distordues du réel allaient bâtir ?

Quel futur étions-nous en train de dessiner ?

J'aurais aimé croire que l'humanité avait besoin de cela, viscéralement, pour faire perdurer le grand spectacle de la vie. Un fantasme scintillant nécessaire, dans ce monde perdu.

Mais je commençais à comprendre, que nous nous trompions de rêve.

La vérité fuyait, elle nous échappait.

La représentation inclusive dont se vantait l'industrie, était peut-être de bonne foi, mais elle n'avait aucun impact politique.

Elle était un décor, qui s'effondrait la saison d'après.

J'avais beau arpenter les défilés à travers le monde, courir après des chauffeurs, les créateurs, les dîners mondains, les belles sapes et le chic discret, être toujours plus élégante, pointue, moderne visuellement, à propos, je n'arrivais jamais à palper une certaine forme de réalité. Nous n'étions plus dans le monde mais bien dans une forme de tumeur, d'appendice certes confortable, molletonné, excentrique mais tout à fait corollaire et inutile, qui ne brassait que du fric.

Un miroir déformé, de l'absurdité du monde.

Vol au-dessus de la crise

Peut-être que nous ne méritions que cela.

Peut-être que la fin de la civilisation, sera un grand défilé Vuitton, où tout le monde sera sur le podium, une explosion globalisante de notre soif d'être sexy, tendance, de faire la différence par la possession ou l'apparence.

Et sur la musique de fin, sous nos pieds bien chaussés, les piliers de la civilisation brûleront un à un.

∗ ∗
∗

Trois semaines après mon licenciement, je n'avais plus aucun revenu.

FÉMININ s'était arrangé pour jouer sur mon contrat déguisé, afin de me limoger sans indemnités. Je ne viens pas d'une famille fortunée, je n'avais pas d'épargne.

Soudain, je n'avais plus aucune soupape financière. Ma seule perspective était de retourner vivre chez ma mère.

C'était pour moi un échec cuisant, dont je ne désirais parler à personne.

Je me sentais incapable de reprendre le métier de journaliste. Plus le temps avançait, et plus il devenait ardu de refaire surface dans un milieu qui m'avait rejetée aussi abruptement – je ne saurais qualifier cette force terrestre, qui m'avait maintenue agrippée à une forme d'inertie, à mon mal-être, rendant chacun de mes gestes lourds, impossibles. Plus le temps se déroulait, perfidement, plus il m'avait semblé disparaître dans un trou noir.

J'observais le monde des autres de ma fenêtre.
Je n'y participais plus.
Je m'étais sentie exclue du système.

Tout à coup, j'avais été recrachée de ses rouages, après y avoir été broyée. Ce qui s'était passé avait entaché ma réputation et si j'avais quelques possibilités de rebond, des piges çà ou là, j'avais aussi pris des dizaines de portes fermées. J'avais compris, que je ne retrouverais plus jamais ma vie d'avant – qu'elle était révolue.

Je redevenais cette jeune fille sans tune, dénuée, dépouillée que j'avais été à vingt ans. Je me répétais ceci :

Tu n'es plus rien.
Tu n'as plus rien.

Je décidai toutefois de me défendre.

J'obtins d'abord un prêt à la consommation en mentant sur ma situation. Ma banque découvrit rapidement le pot aux roses et je fus harcelée, tous les jours, par un de leurs employés, payé pour faire le sale job. Je ne lui répondais pas.

En attendant, j'avais quelques mois pour me refaire, pensais-je. Je décidais de me tourner vers la justice.

Je n'avais jamais eu affaire à elle.
Je n'étais pas quelqu'un de très légaliste.

Féminin

Je rendis une première visite à une avocate spécialisée dans les prud'hommes, une femme à la réputation acariâtre mais qui était « la meilleure sur la question », m'avait-on dit. Mon ancienne entreprise étant coutumière des procès, le nom de cette avocate se partageait comme on se refile un bon fix, au sein de la communauté de pigistes.

Cette femme paraissait être la solution.

Pourtant je la trouvai immédiatement détestable. Elle m'expliqua sa stratégie qui me paraissait alambiquée, mais elle sembla si sûre d'elle, si vindicative, que je ne pipai mot. Il n'y avait pas de place dans son monologue, pour que s'intercale la vérité de mon histoire, et je me laissais bercer par son discours – au moins, sa dureté, aurait l'avantage d'impressionner la partie adverse. C'est ce que j'aimais penser : que plus l'avocate était inhumaine, plus elle impressionnait l'auditoire, et avait une chance de se faire entendre. J'imaginais distraitement le tribunal comme une jungle sanguinaire, où chaque individu enfonçait ses mots dans la chair de l'autre, et où seule la lionne, saurait gagner.

Lorsque j'émis l'idée que j'aimerais également attaquer DISPLAY Médias pour harcèlement, elle m'avait jeté un œil froid, et condescendant.

« Certainement pas. Trop compliqué. »

Je déposai une partie de mon histoire dans les mains de cette horrible femme, qui me houspillait à la moindre question, qui soupirait à chacun de mes appels, mais n'eut aucun scrupule à prendre les derniers euros qui me restaient.

Elle ne travailla pas suffisamment le dossier, rédigea des conclusions erronées.

Nous perdîmes.

Et j'en restai là. Fauchée, découragée, lasse de me battre.

Je baissai les bras.

Cindy Crawford à Brest

J'étais allée voir ma mère en Bretagne, quelques mois après mon arrivée chez *FÉMININ*.
Je lui avais alors décrit mon nouveau poste. Édith dite « Eddie » s'était contentée de hocher la tête sans rien dire. Elle regardait par la fenêtre. Un livre de Florence Aubenas trônait sur la table en chêne de la cuisine. J'y avais déposé le dernier numéro du journal, avec une honte un peu enfantine, en lui soufflant d'un air détaché :
— Tiens regarde, c'est le dernier *FÉMININ*.
Ma mère savait que je peinais financièrement, et que je n'avais pas le choix. Elle ne se serait jamais permis de dire quoi que ce soit. Mais je sentais dans son silence, une petite déception. Je savais que sa fierté venait de mes anciens reportages sociétaux, elle qui bataillait depuis des années pour l'amélioration de ses conditions de travail.

Féminin

FÉMININ ne faisait pas partie de ses formats de prédilection. En vérité, les magazines féminins n'existaient même pas dans l'univers d'Eddie. Elle n'en avait jamais acheté de sa vie – c'était un monde étrange, et agressif pour elle, qui n'avait absolument aucun intérêt. Ma mère détestait qu'on lui dicte quoi que ce soit et le fait que des journaux existent pour lui prodiguer des conseils sur sa façon d'être femme, la laissait pantoise. Avant de passer le concours de professeur des écoles, elle avait été fille au pair. Elle avait été maltraitée par des femmes fortunées et nourrissait depuis, une haine modérée pour l'élite. Elle avait ensuite exercé en ZEP ou « zone d'éducation prioritaire ». Nous avions vécu en logement social et en HLM pendant des années – elle nous avait élevées seule, mes sœurs et moi, sur son maigre salaire. Elle avait toujours beaucoup lu, elle était cultivée. Elle vivait une vie ascétique mais conforme à ses convictions, elle n'aimait pas s'encombrer de matériel inutile, de vêtements, elle prêchait un dépouillement sincère. Elle plaçait ses seules économies dans des voyages.

Je vouais un culte parfois étouffant à ma mère, et ses 501 qu'elle ne quittait jamais depuis les années 80, j'admirais chaque fois cette allure affranchie des lois de la féminité telle qu'on la dépeignait, d'une tonicité rare, qui traversait l'appartement avec une énergie sereine.

Joviale.

Vivante.

Ma mère ne ployait jamais sous le poids des injonctions, elle ne se laissait berner par aucune mode, elle était là, fidèle à elle-même. Une force terrienne, qui jamais n'oscillait. Je l'enviais car elle avait construit sa vie au-delà du superflu.

Contrairement à elle, je désirais plus. Plus de fric, plus de luxe, plus de reconnaissance.

J'avais, au fond de moi, une ambition dévorante que ma mère ne partageait pas.

Je l'observais avec adoration, tandis qu'elle me faisait un café. Je me sentais bien, encerclée par sa philosophie pragmatique et son bordel. Un éléphant en grès bien trop imposant, trônait au milieu du salon, à côté de caisses récupérées qu'elle avait repeintes à la main, et dans lesquelles elle entassait ses lectures du moment.

Chez elle, au mur, il y avait beaucoup de femmes.

Des rebelles, des guerrières, des militantes.

Elle prit le journal dans ses mains et le feuilleta religieusement. J'aperçus un furtif sourire éclairer son visage, quand elle tomba sur les pages dédiées aux grands reportages. Je la sentis soulagée quand elle effleura la section « société », et les quelques pages sur une association soutenant les femmes réfugiées à Paris. Elle referma la revue avec soin, et murmura évasivement :

Féminin

— C'est dommage, on ne voit que les pubs de mode, ça cache le reste, qui est bien.

Et nous parlâmes d'autre chose.

##

Chaque fois que je rentrais de Bretagne, je revoyais des images de mon adolescence.

La seule période où je m'étais procuré des journaux féminins remontait à mes douze, treize ans. Je les achetais au kiosque près de la piscine municipale de Brest. J'y laissais la totalité de mon argent de poche, mue par le désir de comprendre ce que c'était d'être « une femme ». Je me figurais que dans ces quelques pages, se logeait le grand mystère de la féminité – un mode d'emploi, une méthode pour dompter ma puberté. Ma mère m'avait expliqué techniquement le rôle des menstruations mais elle ne m'avait jamais guidée dans son genre – ce sujet ne l'intéressait pas. Aussi je m'y étais employée seule, grâce à la seule documentation disponible sur le sujet.

À l'époque, il s'agissait de *Jeune & Jolie*, ou de *20 ans*.

Suivant les conseils de la section beauté qui rangeait le duvet de moustache dans la catégorie de « tue-l'amour absolu », un soir, je tentais de m'épiler le visage au rasoir Bic. Cette expérience provoqua une repousse sauvage et drue, qui me complexa tout au long du collège. Un autre jour, j'essayai de me décolorer les cheveux avec un produit bon marché, ma tignasse se teintant d'un rouge pétaradant, tirant presque sur le mauve, rappelant Boy George dans ses mauvaises périodes capillaires.

Mes seules incursions dans le monde fantasmatique du féminin des années 1990 furent des défaites retentissantes. Je me sentais chaque fois plus mal à l'aise, suante, dégoûtante, à côté de la plaque – un modèle défectueux de la féminité.

J'affichais pourtant un poster de Cindy Crawford en maillot de bain blanc mat, proche de mes images de Nirvana et je le regardais tous les matins, comme pour me rappeler un objectif lointain et inatteignable.

Je saisissais au vol qu'il fallait « apprendre » la féminité, pour mieux réussir dans la vie. Cindy Crawford, Kate Moss, Naomi Campbell ou Claudia Schiffer étaient alors les seules femmes de pouvoir que l'on valorisait dans les médias. Elles étaient des « fiches » parfaites. Ces journaux publiaient, dans leurs dernières pages, la fiche descriptive de chacun de ces top models. Leurs taille, poids, IMC, tour de poitrine, mensurations, couleur de cheveux y étaient annotés – elles devenaient une liste de chiffres à comparer. Ces fiches étaient crantées et détachables. Je les avais soigneusement planquées en rangée organisée sous mon matelas.

Féminin

Je trouvais grisant d'être juge de ces corps presque nus, de pouvoir évaluer leur perfection et leur capacité ou non, à répondre à des standards drastiques et à être des « über femmes ».

Ce fut à cette époque que, excitée par tous ces corps, je découvrais secrètement ma bisexualité. Je comparais chaque jour, en rentrant de cours, les IMC de ces créatures formidables, admirative de celles qui possédaient la maigreur la plus appropriée.

Dans ma tête, ces filles m'appartenaient un peu, c'était au fond ce que suggéraient leurs poses lascives, leurs corps fins mais musclés, leurs moues exagérées – qu'elles étaient un peu à tout le monde. On était en droit de critiquer leur masse corporelle, d'apposer sur elles des fantasmes, des frustrations, des désirs, de leur imposer nos règles, nous avions tous les droits, car elles étaient des corps fichés, des corps sous contrainte.

Il était parfois étrange de se dire que des corps si vulnérables, vidés de leur âme, soient dans le même temps, des modèles architecturaux à suivre, un challenge du féminin quasi inévitable.

##

Je ne plaisais pas.

Asexuée, timide, littéraire, plate et juchée tout en haut de ma classe, même devant les garçons, je n'arrivais à m'ancrer dans aucun genre en particulier.

J'offrais une féminité trop floue.

Ma mère m'avait élevée dans des codes neutres, et je ne détenais absolument rien de la fille telle qu'elle était alors glorifiée. Dès mes trois ans, j'eus les cheveux coupés court. « C'est mieux pour les poux » étant le seul argument beauté apporté à cette décision maternelle. Je portais des salopettes, des sweats avec des planches de surf, des montres Swatch de sport. Inconsciemment, dans le couple que je formais avec ma mère, quand mon père s'en alla, je jouais parfois le rôle de l'homme absent.

Je n'avais pas réellement trouvé de voie tracée, entre le féminin et le masculin.

Je m'étais plutôt calquée sur la masculinité gay.

J'avais été élevée, en partie, par notre voisin. Ghislain était professeur de communication le jour et serveur dans un bar queer le week-end. Il débarquait à la maison sans prévenir, souvent au petit matin, en slip kangourou blanc Calvin Klein. Il se servait un café, tandis que je détaillais sur son corps les morsures, les blessures célestes de ses ébats de la veille avec de jeunes hommes, que je croisais parfois dans l'escalier. Ghislain restait des soirées entières à jouer aux cartes, à boire des bières, je me souvenais encore d'entendre l'écho de son rire mêlé à celui de ma mère, dans le couloir, et d'être rassurée de la savoir enfin heureuse.

Féminin

J'adulais Ghislain, sa liberté, sa drôlerie, je m'étais reconnue en lui.

Cette ambiguïté toutefois, m'apporta peu de popularité. Il me semblait être chaque fois l'anomalie, l'ovni, je me planquais sous une casquette, qu'on m'arrachait en classe avec mépris.

Tu pues Frankie !

##

Je sentais au plus profond de moi, que m'enferrer dans un genre ne me convenait pas.

Je trouvais les codes du féminin trop étroits.

Il me fallait plus de possibilités, de terrains d'expérimentation que ses simples lois. Je m'imaginais parfois vieil homme, parfois jeune fille – mon esprit vagabondait, j'existais librement, dans une forme de pluralité. J'étais fière de la vigueur et de la plasticité de mon cerveau. Le corps devenait un ennemi, car il me rangeait dans une catégorie trop précise, il était un prolongement encombrant, dont je cherchais à me délester.

Dans l'intimité de ma chambre, j'étais exploratrice du genre, révoltée. Mais au-dehors, je craignais d'être rejetée.

Je désirais me faire aimer.

Dans mon esprit, germa peu à peu l'idée qu'il fallait se faufiler dans les normes, pour être appréciée. Je cherchais à ressembler à la fille que l'on attendait de moi, même si cette quête me réduisait considérablement, et ne correspondait pas à la richesse de ce que je vivais intellectuellement.

Je me pesais tous les jours. Je jaugeais mon IMC, mes mensurations. Ma capacité à réussir dans la vie devint, à mes quatorze ans, intrinsèquement liée au fait d'être « bien fichée » et bien fichue.

Je changeais de style.

Je portais des bodys en stretch moulants et décolletés, sous mes 501. C'était pour moi une performance poussive – je me sentais mal à l'aise, dans ce nouvel uniforme, et dans le même temps, j'espérais enfin m'intégrer.

Je cessais de m'alimenter, entamant une longue période d'anorexie. La maigreur me seyait bien, elle était un rejet massif des attributs corporels du féminin, elle me permettait d'être androgyne, tout en prônant la taille mannequin.

Cette féminité d'emprunt, ne m'apporta pas non plus le succès. Les autres élèves m'appelèrent bientôt « la petite pute », et je fus l'objet répété d'insultes, ou de harcèlement, au sein de mon nouveau collège.

Je cachais cela à ma mère.

Je vivais cette nouvelle féminité honnie, en secret. Je planquais mon déguisement dans la cage d'escalier. Je collectionnais les catalogues de La

Redoute, que nous refourguait ma grand-mère – je désirais ces grands pulls à col roulé en cachemire qu'arboraient les blondes en couverture, j'enviais leur élégance, leurs dents parfaites, je me droguais à l'odeur du papier glacé, à cette sensation de supériorité que leur conférait la chance de posséder des vêtements et des objets. Dans le tréfonds de l'adolescente complexée que j'étais, sommeillait parfois l'envie d'être une « femme » comme l'entendait la société capitaliste et patriarcale. D'être belle, photographiée, d'avoir des mensurations géniales, car dans tout cela, se logeaient les clés du succès. Cela paraissait plus facile, plus confortable, que d'exprimer toute la complexité qui m'habitait.

Je souhaitais plus que tout, me barrer de ma ville de province dont j'exécrais la torpeur.

Jeune & Jolie, *20 ans*, *Vogue*, tous ces milieux sexy, clignotaient de leur beauté élitiste, de leur supériorité. Ils brillaient, face à la léthargie pâle de mon quartier, à l'esthétique aussi excitante que les lettrages des commerces qui la peuplaient.

Un jour de grand nettoyage, ma mère décida finalement de « bazarder toutes ces conneries ».

Si vers dix-huit ans, je renonçai définitivement à me conformer au « féminin », je restais fascinée par cette entité mystérieuse, que je ne maîtrisais pas.

Cindy Crawford à Brest

##

À l'université, ma féminité prit une autre ampleur.

Sans emprunter les codes usuels du féminin, je campais un personnage un peu abrasif, rebelle, qui fonctionnait. J'étudiais à Rennes. Je lisais *No Logo* de Naomi Klein, et j'écoutais des groupes de rock Lo-Fi. Le week-end, je partais en road trip avec mes copines de fac de socio. Ma copine Jess ne portait que des vestes de sport trouvées en friperie, elle avait un anneau dans le nez et citait Bourdieu. Mona, avec ses Converse jaunes pourries et ses bagues gothiques, s'amourachait du cinéma japonais. J'étais la plus apprêtée des trois et je culpabilisais de ne pas savoir me détacher du superflu pour m'employer plus ardemment, à mon élévation intellectuelle.

S'était formée en moi une scission – la fêlure devint un craquèlement, entre les velléités du corps, et la soif de l'esprit.

J'avais pleinement conscience de la vacuité de mes préoccupations physiques, de la stupidité du soin donné à mes looks faussement négligés, que je cultivais pendant des heures. J'intellectualisais tout à fait, le fait que tout cela me détachait de l'essentiel. Pourtant, je ne pouvais m'empêcher de m'y engouffrer.

Me regarder, dix fois par jour dans le miroir.

Féminin

Me trouver trop grosse, mal sapée, trop grosse à nouveau.

J'étais hantée par mon apparence, même si l'instant d'après, je retrouvais la raison, et voilà que mon obsession se muait en dégoût profond.

Je me débattais, entre l'envie de coller à une image célèbre, enviée, fantasmée du féminin pour plaire, et réussir.

Et le désir de la pulvériser.

Un combat à mort, interne, qui occupait mes journées.

Je croissais comme une fleur estropiée.

Je devins journaliste, pour composer un autre personnage de femme, m'ouvrir d'autres territoires. Mais je fus rapidement déçue. Au sein des rédactions de télé, je devais me montrer docile, porter des habits corrects mais attrayants, pour entrer dans ce grand monolithe, qu'est l'image féminine respectable.

Même si je gagnais en maturité, ce « féminin » restait une mauvaise peau avec laquelle je devais composer malgré moi. Il planquait mes vérités profondes, ma poésie, il effaçait le trouble dans mon genre, il m'empêchait d'afficher toute ma diversité, et d'être aussi puissante que je l'aurais souhaité. Pourtant, je n'avais pas d'autre choix que de vivre avec, que ce soit en le malmenant, ou en tentant vainement de m'y conformer.

On me taxa rapidement de fille « peu commode », et je gardai longtemps cette réputation. Mon air rogue, ma carapace tout en pics et mon esprit critique, devenaient mes seuls boucliers, contre le sexisme larvé.

En rentrant en train de chez ma mère ce jour-là, je me demandais, ce qui m'avait finalement poussée à intégrer *FÉMININ*, des années plus tard. À céder, après ces années de lutte.

Qu'allais-je chercher là-bas : une validation ? Une revanche ?

Peut-être qu'au fond, je désirais affronter ce foutu féminin, une dernière fois.

##

Mon statut au sein de la rédaction restait bancal.

Je n'avais toujours pas de contrat, malgré mes demandes répétées auprès de Sam. Notre entreprise avait toujours aimé nous tenir un discours paternaliste, et jusqu'alors, je me confortais dans l'idée que j'étais protégée. Pourtant autour de moi, des licenciements étranges se succédaient.

J'avais croisé une nouvelle collègue du nom de Stéphanie. Stéphanie revenait chez *FÉMININ* après deux ans d'absence : elle avait tenté de monter un business dans la voile, et cela n'avait pas fonctionné. Elle avait un petit garçon, m'avait-elle confié, et elle ne pouvait pas se permettre de tirer encore plus sur ses minces économies. Elle était revenue frapper à la porte du secteur « art de vivre » qui avait un poste vacant, et elle avait été réembauchée. Elle bénéficiait du même type de faux contrat que moi : un salaire toujours égal et la promesse d'un travail à temps plein, mais sans que le mot CDD ou CDI n'apparaisse sur les bulletins. Stéphanie se plaignait régulièrement de la précarité de ce que l'on appelait notre « forfait de piges » : un statut dangereux qui proliférait pourtant au sein de la presse, et asservissait les journalistes à un magazine, tout en se donnant le droit de les expédier du jour au lendemain.

Stéphanie détestait ce fonctionnement, elle y percevait, une hypocrisie extrême.

J'évitais, lâchement, d'avoir un avis sur le sujet.

Stéphanie avait décidé d'aller voir notre RH, Castille Bon Chatoy.

— Encore une fille qui vient du ghetto, s'était-elle amusée, en voyant le nom composé de la dirigeante du personnel. Elle avait envoyé plusieurs mails de demande de rendez-vous. La DRH n'avait jamais répondu – elle était très prise, avait notifié son assistante, elle avait passé une semaine au ski et devait enchaîner les réunions à son retour. Stéphanie avait décidé de la traquer et s'était aventurée dans les étages administratifs inférieurs, où elle n'avait pas le droit de figurer. Les bureaux des dirigeants ressemblaient à des boîtes vitrées, pas vraiment confortables, pas vraiment décorées, avec vue sur le périph. Elle frappa de boîte en boîte, jusqu'à tomber sur la plaque, indiquant le nom « Bon Chatoy ». L'assistante rangeait des dossiers. Elle sortit, un peu agacée :

— Je vous ai dit, Mme Bon Chatoy est très prise aujourd'hui et les jours à venir. Envoyez-nous un mail.

— Je vous ai envoyé un mail, avait rétorqué Stéphanie.

On lui avait claqué la porte au nez. Mais Stéphanie n'avait pas dit son dernier mot. Elle avait contacté les syndicats de l'entreprise, qui étaient déjà passablement remontés contre la dirigeante, cette dernière ignorait leurs requêtes depuis des mois. Ils avaient récemment recueilli de nombreux témoignages de salariés précaires mais aussi de salariés en burn-out. Un jeune type d'une revue sur le cheval, aurait tenté de mettre fin à ses jours le mois dernier. La situation était critique, mais aucun membre de la direction, ne daignait les recevoir.

Le PDG du groupe DISPLAY Médias, lui, aimait s'en moquer.

Ils prirent le dossier de Stéphanie, et organisèrent une assemblée générale, à laquelle tout le groupe fut convié.

La grande majorité de la rédaction de *FÉMININ* s'y était déplacée.

L'assemblée fut déconcertante. Pour la première fois, je rencontrai tous les membres des autres rédactions du groupe. Je les avais croisés à la cantine, mais il était plus impressionnant de les observer tous massés, dans un grand hall pourtant trop exigu face au nombre de corps présents. Ces employés, nerveux, épuisés, en avaient ras le bol. Je peinais à recouper ce que je voyais, avec une certaine idée de la presse. Les magazines avaient pour sujets des thématiques plutôt réjouissantes : la gastronomie, l'automobile. Pourtant les rédacteurs paraissaient tous être passés à la machine à laver, tant leurs silhouettes étaient délavées, éteintes.

Que se passait-il dans ce groupe ? m'étais-je demandé pour la première fois.

Le dirigeant du syndicat, un type frêle avec de grandes lunettes et un béret, qui répondait en tout point au portrait du syndicaliste, énonça les faits d'une voix éraillée. Ils avaient râlé, crié, disait-il, ils avaient envoyé des mails, ils avaient même investi l'étage de la direction – mais les patrons n'avaient jamais répondu à leurs requêtes. Il évoqua les cas alarmants, disait-il – il répétait le terme « alarmant » – de dépression, dont le cas de Stéphanie, et il avait ajouté d'autres noms comme le mien, à la liste des statuts irréguliers. Il paraissait harassé, je n'avais jamais vu quelqu'un d'aussi épuisé et je réalisai que le combat avait commencé depuis longtemps.

Comment avais-je pu ignorer ces multiples réunions syndicales, qui avaient quadrillé la saison, depuis mon arrivée ? J'avais pourtant entrevu les affiches aux lettrages rouges, épinglées sur la porte battante de l'entrée.

Sans doute que je savais, mais que je ne voulais pas voir.

Je ne désirais pas que ma nouvelle maison, que ce job qui me sortait de la galère, soient pourris de l'intérieur. Moi, qui me disais de gauche et militante féministe, si je mettais un pied là-dedans, je basculerais du côté de la revendication, et je perdrais mon emploi. Je me connaissais. Il valait mieux rester en dehors de tout cela.

Je ne les voyais déjà plus, les visages usés, les doigts jaunis par la cigarette, les dos bossus, les cheveux blancs trop précocement, les plaintes.

Les mots.

Alarmant.

Alarme.

Cela ne me concernait pas, et même si mon nom était sorti, et même si mon propre statut était précaire, j'étais là pour Stéphanie.

Féminin

##

Comme à son habitude, Castille Bon Chatoy ne répondit pas au mail qui lui fut envoyé à l'issue de l'assemblée générale.

Elle n'avait pas le temps.

En revanche, elle eut celui de commettre la pire des bévues. Elle voulut commenter le mail que lui avait envoyé le syndicat en le transférant à l'une de ses amies de la direction mais fit une mauvaise manipulation, et l'envoya à l'ensemble des employés de l'entreprise. Le mail ne stipulait rien de précis sur des éventuels modes d'action de sa part, il ne comportait qu'une simple phrase, qui moquait ouvertement le rassemblement :

« Les rats ont encore rongé leur frein près de la cantine, c'est pathétique, ils n'ont honte de rien. »

Les rats reçurent la réponse de concert, en cc.

Dans la rédaction, les filles se levèrent d'un bond, elles sortirent pour se réunir, blanchâtres, émotives – c'était l'humiliation de trop ! Puis elles allèrent se rasseoir.

Que faire, cela avait toujours été.

La bourde de Castille Bon Chatoy, fut publiée dans *Le Canard enchaîné*. Stéphanie était en colère – une colère sourde, qu'elle laissa proliférer. Pourtant elle n'eut jamais gain de cause. Les syndicats, décontenancés par le « scandale des rats », la tinrent au courant des négociations en cours, ils faisaient tout ce qui était en leur possible, disaient-ils, et elle les croyait, mais elle n'eut jamais de retour. Jamais de CDI.

Et ce qui devait arriver, arriva.

Six mois plus tard, Stéphanie tomba enceinte. Elle fut remplacée pendant son congé maternité par une fille plus jeune du nom d'Agathe, qui accepta d'être encore moins bien payée qu'elle, avec des conditions similaires. Quand elle revint pour reprendre sa place, on lui expliqua que son forfait avait pris fin – après tout, elle n'était pas heureuse ici, c'était bien mieux comme ça. Ne devrait-elle pas retourner faire de la voile, sa passion ?

Stéphanie se retrouva sans salaire, avec un bébé de trois mois. Comme elle n'avait pas de contrat de travail, elle ne toucha pas ses congés maternité.

Mais personne ne moufta.

##

Les affaires du même acabit s'étaient succédé. Une assistante au pôle cosmétique du nom d'Inès, visiblement exploitée depuis plusieurs années, avait décidé de piquer du mobilier, arguant qu'il valait bien plus cher que sa paie. Nos fauteuils au design dépouillé et laid, coûtaient bien 500 euros l'unité. Je me repassais souvent l'image de cette fille, traînant le fauteuil lourd derrière elle en hurlant.

Demain, je reviens pour le guéridon !

Au-delà de la rage, il y avait un mélange de sentiments compliqués, chez *FÉMININ*, on sentait chez Inès, comme chez Stéphanie, une peine un peu folle, une aigreur sourde, qui déraille. Un chagrin qui part en vrille. Je voyais cette douleur qui agitait leur prunelle. Ce sentiment d'avoir été broyée, de n'avoir été rien, qu'un ustensile qu'on a trop usé, le sentiment fort d'être dégradée.

Pourquoi n'avais-je pas bougé ? Avais-je peur, d'être moi-même expulsée ? Sans doute que j'affichais cette assurance naïve ; celle de croire que l'on est toujours épargné.

J'avais regardé ces autres femmes se faire exploiter avec tristesse, mais avec détachement. Je ne voulais pas faire tache, me faire remarquer par la direction, je n'avais pas de plan B financier, je préférais m'écraser. Sans comprendre, que chaque terreur, chaque tyrannie, chaque abus, allait un jour, forcément, se retourner contre moi. Le management avide qui dégoulinait de partout, aussi corrosif que de l'acide, chez *FÉMININ*, ce mépris assassin distillé par notre direction, m'avait déjà ôté un peu d'éclat, de joie.

Mais je ne le remarquais même pas.

La dissonance cognitive m'aidait. Puisque nous étions dans un journal féminin, je ne parvenais pas à intégrer qu'il maltraitait parfois les femmes. Mon système de valeurs refusait ce constat. Je ne pouvais concevoir que la vilenie s'infiltrait souvent jusque dans des endroits censés nous protéger. Lorsqu'un attaché de presse, ou quelqu'un d'extérieur, s'extasiait sur mon sort, s'enthousiasmant sur notre chance de travailler chez *FÉMININ*, je répondais avec un sourire béat :

— Oui, c'est formidable !

Nous étions nombreuses je crois, à continuer à colporter cette fable : celle du magazine féminin humaniste, qui chérissait ses employées. Un lieu empli de sororité.

Cela nous permettait de tenir.

C'était plus facile à véhiculer.

##

Chez *FÉMININ*, nous étions coupables de tout.

Je m'étais sentie fautive d'absolument tous les manquements de notre groupe de médias. J'avais un contrat bancal alors que je cravachais, sans arrêt – mais je finissais par croire que cela était de mon fait. Je devais déjà m'estimer heureuse d'avoir une chance dans un titre aussi prestigieux. J'étais dévaluée malgré mes postes antérieurs, et j'étais interdite de m'en plaindre, ou de briguer mieux.

Je devais être humble, ne pas trop l'ouvrir, si je me permettais de faire une réflexion, j'étais taxée d'arrogante ou prétentieuse. Si je défendais mes droits, on m'accusait d'écraser mes collègues, ou de leur voler de l'argent.

Toute velléité d'être reconnue en fonction de mon expérience, était étouffée, puis retournée contre moi.

J'avais ressenti un profond déclassement.

La façon dont on nous traitait, était toujours contextualisée : le discours officiel était que nous devions nous accommoder du pire, car la presse connaissait une crise sans précédent, et l'on ne trouverait pas mieux ailleurs. S'accrocher à notre journal, envers et contre tout, s'avérait notre seule chance de survivre.

De toute façon, la maltraitance dans le monde du travail avait été normalisée. Autour de moi, mes amis subissaient des abus en entreprise, du harcèlement, des mauvais traitements. Des collègues journalistes dans d'autres titres féminins, me contaient les horreurs qui s'y déroulaient, et que tout le monde connaissait.

On avait l'habitude de dire de tel ou tel magazine que là-bas, c'était la vraie boucherie.

C'était juste ainsi.

Les femmes étaient en première ligne – comme elles disposaient de réseaux moins denses, comme elles n'avaient pas été habituées à défendre leurs droits ou ne se sentaient pas assez capables de manager, elles étaient des proies aisées.

Les dirigeants connaissaient cette habitude bien installée. L'hypocrisie fleurissait dans leurs discours depuis des années. Les procès, les plaintes contre leurs procédés, ne changeaient rien ; au mieux, les entreprises faisaient preuve de mauvaise foi. Au pire, elles responsabilisaient leurs subalternes : si nous étions lessivés, dépressifs, suicidaires, exploités, c'est sans doute, que nous n'étions pas assez forts ou vaillants.

Et puis, si nous étions au chômage, c'est que nous l'avions bien cherché.

##

Les choses prirent une tournure encore plus sombre, quand notre directrice de la rédaction, Anita Soler, disparut.

Un matin elle n'était plus venue puis le second, et bientôt elle ne fut plus qu'un souvenir. Son adjoint Mathieu M, dont la fonction avait toujours été vague, s'était éclipsé dans son sillage. Nous passions tous les jours devant une place vide, naviguant dans une rédaction décapitée, un poulet sans tête un peu dément, parcouru par une énergie hirsute, mal cadrée. Même si Anita Soler n'était pas quelqu'un de regrettable, selon l'analyse de Joanne, elle avait cet intérêt de catalyser la haine de tout le monde, de cristalliser les rancœurs.

Anita Soler avait été l'individu à abattre. Sans elle, l'ennemi pouvait commencer à devenir n'importe qui, et c'est à cette époque, que je pus percevoir toute la violence de Sam ramper lentement vers moi.

Ma cheffe se montrait de plus en plus irascible. Elle avait eu vent qu'un nouveau nom arrivait à la tête de *FÉMININ*. Elle avait convoité ce poste, et la nouvelle l'avait anéantie. Elle s'accrochait de plus en plus à ses privilèges, comme si elle tentait de combler un manque. Elle avait presque déserté le journal, courant à des rendez-vous extérieurs. Elle revenait à la rédaction, uniquement pour récupérer ses cadeaux.

Une première friction apparut au cours d'une réunion. Sans personne pour donner le *la* et orchestrer les débats, les conférences de rédaction ressemblaient de plus en plus à des assemblées sismiques, au cours desquelles plusieurs terres de révolte s'entrechoquaient. Virginie déplorait vertement l'invasion continuelle des actualités mode, dans les pages du début, jusqu'alors majoritairement axées vers la société ou la politique.

— Vous n'avez pas assez de votre vingtaine de pages en partie mag, Sam ? s'était-elle un peu agacée.

Elle avait commencé à dénoncer la tournure trop luxe que prenait le journal, elle déplorait que le contenu devienne de plus en plus axé sur le shopping, ou les défilés, les publireportages. Elle comprenait bien sûr, qu'il faille séduire les investisseurs, mais elle s'inquiétait de trop fréquents renvois d'ascenseur. Les lectrices, ne cherchaient-elles pas un contenu plus social ? N'étaient-elles pas en quête de sens ? Sans prendre conscience que Sam, vivait cette attaque comme personnelle, je soutins Virginie, que j'appréciais.

J'en profitais pour lâcher :

— Franchement, il faut cesser de vendre une féminité uniquement capitaliste !

J'étais mue par une grande fatigue et mes tocs de militante en AG, me reprenaient. Même si je sentais de plus en plus que ma crédibilité en tant qu'activiste de gauche déclinait. Comment pouvait-on l'ouvrir sur la perversité d'un univers dont on jouissait ? La plupart des rédactrices présentes avaient hoché la tête, en signe d'approbation, mais Sam trépignait. En sortant, elle avait soufflé à Joanne, Karine, et quelques autres :

— Enfin, c'est facile de crier au grand capital, quand on négocie son salaire comme Bernard Tapie.

Ce jeu de mots m'avait bousculée. Certes j'avais négocié mon salaire âprement mais j'en étais fière. Ma mère m'avait toujours appris que la base du féminisme était de défendre sa valeur. Sam déguisait cela en pratique honteuse, comme si j'avais extorqué des fonds aux autres journalistes présentes dont je n'avais jamais connu, jusqu'alors, le montant de la paie.

Féminin

Voyant que je l'avais entendue, elle avait ébouriffé mes cheveux avec un geste légèrement humiliant.

— Allez, je plaisante !

Cette petite allusion fit toutefois le tour de la rédaction et je compris que tout le monde connaissait le total exact de mon salaire. Sam n'avait pas jugé bon de préciser qu'elle m'avait proposé, à l'origine un chiffre quasi équivalent pour une fonction d'adjointe en remplacement – c'était une rétribution décente, honnête, compte tenu de mon expérience. Qui plus est, ma place au sein de *FÉMININ* était éjectable.

C'est pourtant à partir de là, que naquit ma réputation d'opportuniste – le germe était planté, il ne demandait plus qu'à grossir dans les cylindres rouillés de la machine à café, il n'avait plus qu'à circuler, s'engorgeant de l'amertume des unes et des autres.

Soudain, je devins une rivale.

Je leur piquais leurs fins de mois. J'étais prête, sans aucun doute, à leur piquer leur métier.

Pour la première fois, je me disais : un jour, peut-être, je vais tomber.

J'avais redoublé d'efforts pour répondre aux attentes de l'entreprise, de la rédaction, mais cette intégration sommaire ne suffisait pas. Je dérangeais. J'acceptais des postes non fixes, instables, qui me mettaient dans une position fragile, et cette fébrilité se flairait.

La faune du travail est bien animale.

Elle réveille les instincts premiers.

##

La bascule n'avait pas été immédiate. Elle avait été progressive.

Au bout d'un an j'étais déjà usée, mes principes avaient été un peu écornés, je laissais la culture d'entreprise gagner.

Je ne dirais pas que j'étais profondément brimée car évidemment, se glissaient dans mes journées, des avantages, des voyages. Mais j'avais un peu changé. Je doutais de mes capacités. En acceptant de dériver, peu à peu, j'avais laissé mon estime de moi décliner.

Ce que je ne savais pas, c'est que ces premières années d'entreprise, n'étaient que le décor d'un théâtre que l'on installe.

FÉMININ a célébré la rencontre entre deux systèmes qui se sont entrelacés, pour former une danse du diable.

Le premier est le capitalisme, dans tout ce qu'il a de plus exécrable. Mais il ne faisait que l'ouverture du bal.

Car ce climat délétère, a permis de laisser la place au pire qui soit.

À l'absolue traîtrise du patriarcat.

* *
 *

En hiver j'arrivai à la fin de mon prêt.

Je reprenais un peu les piges mais je gagnais 1 000 euros par mois, et cela n'était pas suffisant pour continuer à vivre à Paris. Je demandai le RSA. J'allais camper tous les jours chez Pôle Emploi pour leur montrer mes bulletins de salaire, et faire valoir mes droits – j'avais cotisé, pendant toutes ces années. J'étais à bout, je buvais de plus en plus. J'évitais désormais toute sortie au dehors de mon appartement. J'étais mise au ban de mon ancienne existence. Cela ne fut pas que traumatisant, ce fut aussi salvateur, car je découvrais que mon quotidien avait été bâti sur nombre de plaisirs superficiels et immédiats.

Je réalisai à quel point je m'étais égarée à courir après des artifices – derrière ce monde-là, se planquait un leurre.

Je percevais soudain son vrai visage.

Je comprenais à quel point nous étions si peu de chose, dans ce monde capitaliste que l'on nous faisait miroiter – la réalité de ce système se révélait, et elle avait la gueule des couloirs plastique de Pôle Emploi.

Je voyais les jeunes qui squattaient le hall du centre de Colonel Fabien, pour avoir Internet gratuitement. Je me souvenais qu'il y a quelques années, lorsque j'étais intermittente du spectacle, je croisais les mêmes hommes – des personnes exilées à bout de ressources, empruntant discrètement le téléphone, ou la photocopieuse. J'observais avec tristesse leurs silhouettes épuisées – je ne pouvais comparer nos cas, ni effleurer, ce qu'eux expérimentaient. Et puis, il y avait ces autres corps, meurtris, qui alternaient les petits jobs. La fatigue générale, était lisible dans chaque crevasse de la peau, chaque rugosité des paumes de mains.

Un jour, je tombai sur une conseillère au comptoir – elle comprit mon désarroi. Elle accepta d'ouvrir une partie de mes droits, malgré le contrat d'employeur que *FÉMININ* refusait de me donner. Le lendemain, un homme m'appela :

— Madame Makazie, je suis navré, vous n'auriez jamais dû être dans une telle précarité.

J'avais gagné ma première bataille.

Je commençais à toucher du doigt quelque chose : je n'étais peut-être pas là par hasard. Je n'étais pas revenue à zéro. Si j'en étais là, après quinze années dans les médias, et des fonctions

Féminin

prestigieuses, c'était que je devais tirer une leçon de cette expérience.
Elle voulait me démontrer quelque chose.

La chèvre et le chou

C'était un jour automnal plutôt banal.
Novembre dispersait sa ronde fraîche, son aura blême sur la route qui me menait au journal. J'étais arrivée à la rédaction en retard, car j'étais rentrée chez moi pour écrire un papier jusqu'à 3 heures du matin. J'étais drapée dans une fatigue cérébrale, fébrile, et j'avais senti dès mon entrée dans l'open space, une énergie confuse. J'avais demandé à Joanne la raison de cette effervescence. Elle m'avait soufflé avec malice :
— Le nouveau chef est arrivé, il va se présenter.
J'avais beaucoup été en déplacement les jours précédents. J'avais vaguement suivi les chamboulements au sein du magazine. Je savais que quelqu'un devait remplacer notre direction mais je tablais sur une femme : il me semblait logique, qu'une femme dirigeât un contenu qui nous était destiné.

Je m'étonnais qu'un homme soit annoncé.

J'avais rangé mon bureau, enseveli par le courrier en mon absence, tandis que les silhouettes de mes collègues, se dirigeaient vers le « SR » – l'espace attenant à celui des journalistes. Le « SR » se composait de la directrice artistique, et du directeur technique mais également de tous les secrétaires de rédaction qui corrigeaient les papiers, des maquettistes qui les mettaient en page, et du service photo qui les illustrait. C'était souvent de leur côté que se tenaient les réunions ou annonces décisives, car si leur espace était plus étroit, il bénéficiait d'une table cerclée de banquettes. Lors du bouclage du journal, le jeudi, c'était aussi chez eux que l'on sortait le champagne à bas prix, les Curly, et que l'on buvait tardivement, en regrettant le lendemain tout ce qui s'y était dit.

Je mis un temps infini à passer de l'autre côté.

Est-ce que je pressentais ce qui allait se passer ?

Lorsque je pénétrai dans la grande pièce vitrée, je ne vis d'abord que les nuques de l'équipe, tournées dans sa direction, et puis je le vis, qui me regardait avec surprise. Alors, mes organes cessèrent de remplir leurs fonctions. Ma poitrine fut soulevée par une excitation, doublée d'une terreur, car devant moi, c'était lui.

Noé.

La chèvre et le chou

##

Il se trouvait que je connaissais déjà ce nouveau patron.

Nous nous étions croisés à une soirée quelques semaines auparavant, en septembre, alors que je tentais de rattraper les dernières chaleurs de l'été, dans les bars humides et les terrasses bondées. J'avais passé le mois de rentrée à sortir avec ma joyeuse bande : je revenais à Paris, gonflée d'anecdotes estivales juteuses et provocantes.

J'avais immédiatement été envoûtée par la couleur veloutée de ses yeux, par son côté taiseux, sans le connaître, j'avais été attiré par lui et je ne sais pas, ce qui avait provoqué en moi, ce désir presque trop fort, trop violent, tandis que des stroboscopes s'agitaient sur la scène devant nous.

Nous célébrions alors l'ouverture d'un magasin branché.

Une amie commune, du nom de Cléo, nous avait présentés.

C'était une fête comme les autres à Paris, un lancement marketing qui se déguisait en bringue underground. De la même façon que nous nous étions accoutumés à subir nos emplois, nous faisions mine de croire que les sauteries auxquelles nous participions étaient punk, ou subversives. Ce soir-là, une marque avait invité un groupe indé, qui s'égosillait au milieu de l'espace, devant des étalages de baskets rutilantes.

Féminin

Je buvais une bière sponsorisée quand la silhouette de Noé m'était apparue, dans une semi-obscurité striée de néons.

J'en garde un souvenir chaud, ondoyant, et je peux presque toucher du doigt la fille inconsciente que j'étais alors, la fille de trente-trois ans à la voix cassée, et aux cheveux blonds coupés ras, dont le destin s'apprête à chavirer.

##
J'étais un cœur contrarié.

D'un côté, j'avais toujours redouté l'engagement. Pendant l'été, j'avais décidé de me libérer des injonctions au mariage et à la construction pour vivre sur les routes. J'avais sillonné seule la Californie pendant deux mois. Je m'étais battue avec un amant à Las Vegas : je me droguais aux récits fracassants. J'avais récemment conclu un pacte avec moi-même : je vivrais loin des obligations faites aux femmes, loin de la tiédeur administrative des responsabilités.

Je conchiais les mots PACS ou PEL.

Je désirais plus de souffle, de modernité – après des années à trimballer ce féminin poussif, je refusais définitivement, de m'inscrire dans un genre en particulier.

Je m'inventais rogue, baiseuse, aventureuse, mais tout au fond, j'avais un cœur trop veule. Je souffrais d'une dépendance affective maladive, héritée de l'enfance, et j'avais besoin d'amour, de trop d'amour, d'être sécurisée, je craignais de finir mes jours seule.

L'amoureuse et la féministe, entraient régulièrement en conflit.

Souvent, l'amoureuse gagnait, quand la féministe se laisser submerger par l'ennui. Je pouvais foutre en l'air mes beaux discours sur l'émancipation, pour un baiser brûlant, une rencontre haletante.

Le désir trop vif d'être aimée, écorchait mon émancipation.

##

À cette époque, chez *FÉMININ*, le conflit interne mûrissait en silence au creux de l'équipe.

Les derniers mois avaient été troubles. Partout, le ballet des grands industriels rachetant les titres, avait démarré à une cadence effrénée et au son d'une mélodie macabre.

La sinistrose s'était immiscée dans toutes les rédactions de France et surtout des magazines féminins. Les têtes, partout, commençaient à tomber et je pouvais observer les journalistes en CDI, s'accrocher de plus en plus à leur journal, comme à un radeau pâle, qui s'effritait quotidiennement.

Féminin

Cette lutte laissait des entailles et des échardes, dans nos cœurs fatigués.

La crise de sens de la presse féminine française n'était pas seulement palpable. Elle était profondément ancrée. Elle se voyait dans les bouches résignées, les verbes usés, dans notre tristesse. Notre passion pour le journalisme, s'était effilochée.

Le premier malentendu, qui en cacha bien d'autres, était la symbolique de l'arrivée de Noé.

Nous formions une équipe essentiellement féminine, qui écrivait pour les femmes. Et voilà que pour « redresser la barre » du journal, notre grand dirigeant, avait expressément choisi un homme.

Le message était clair : fini la déconne, quand on passe aux choses sérieuses, on met les couilles sur la table.

Dans le métier, c'est-à-dire dans ce petit cénacle de rédaction de la presse française, personne ne vit vraiment de problème à ce qu'un homme débarque à la tête d'un journal féminin. Sans doute car la France était encore à quelques battements de cils de la révolution #metoo, et que personne ne voyait de problème, en général, à ce que les hommes dominent la société.

Mais sans doute aussi, car Noé était une personnalité appréciée.

La chèvre et le chou

##

Je collectais les informations à son encontre : des données éparses, mélange parfois douteux de bruits de couloir et d'articles brefs glanés sur le web, de recherches un peu voyeuristes sur Instagram. Ce type de fiche désossée et faussée, qui remplace désormais l'identité réelle des individus, un cadavre exquis moderne.

Noé était un peu à part dans le journalisme.

Il avait entamé sa carrière comme artiste puis critique d'art contemporain, avant de chapeauter les revues de diverses fondations. Il était auréolé d'un parcours sans faute, car il avait réussi tout au long de sa carrière à ménager « la chèvre et le chou » comme le voulait l'expression consacrée. À savoir : s'il avait couvert nombre de sujets pointus, des textes détenant une certaine élégance culturelle, il avait dans le même temps, toujours su caresser l'ego des grands patrons. Dans le métier, on disait qu'il avait un « portefeuille » c'est-à-dire, un lien fort avec des puissants qui pourraient, le cas échéant, injecter encore plus d'argent dans notre magazine.

Noé avait été présenté par notre groupe comme une forme de demi-dieu au pouvoir croissant et déjà, rien que les rumeurs, nous asservissaient à cet être céleste, mi-alternatif, mi-néolibéral, mi-génie, mi-businessman.

Noé Peython arrivait, *FÉMININ* était sauvé.

##

Son premier discours se voulut mémorable.

Le matin même, il avait commencé à mettre en place sa vision moderne du management. Pour lui, la hiérarchie devait voler en éclats : chaque individu chez *FÉMININ* comptait, chaque individu avait sa spécificité, et il voulait faire imploser les barrières des services pour que les journalistes se sentent libres de lui proposer des sujets dans toutes les rubriques du journal.

J'avais trouvé ça franchement génial, mais Sam avait flairé la stratégie. Noé selon elle, voulait donner moins de pouvoir aux dirigeantes des sections, et s'arroger le droit de décider d'à peu près tout.

Sam tenait à son équipe et à son poste avec une possessivité implacable. Ce jour-là elle siégeait en retrait, riant sous cape, soupirant de façon distincte, assénant quelques commentaires désobligeants – elle lançait les hostilités.

Noé affichait un calme olympien. Il portait un sourire presque trop grand et faisait mine de l'ignorer. Il était relax : c'est ce que tentait d'exprimer son corps d'une masse graisseuse relativement faible, posé en biais, presque avec provocation, sur une banquette.

Il était chaleureux. Mais surtout, il s'employait à démanteler à l'avance toutes nos craintes, il pointait nos failles, nos blessures, pour mieux les

La chèvre et le chou

panser. Il naviguait avec aisance, entre l'autodépréciation un peu victimiste, qui donne envie de crier : Oh non ! ce n'est pas vrai ! et des phrases tellement pompeuses sur son pouvoir, et son talent, qu'elles en étaient presque des pastiches. Étrangement, l'ensemble un peu démesuré, mal ajusté, fonctionnait.

— Bonjour à tous et à toutes. Je tenais à faire un discours, même si je suis bien piètre dans l'exercice. Vous apprendrez que j'ai ce côté un peu ours, parfois, ce côté un peu paternaliste souvent, qui fait de moi un vieux con un peu arrogant.

(Rire guttural mais qui déraille un tout petit peu, pour arriver dans l'aigu.)

— Pour autant, si mes anciennes équipes savent quelque chose de moi, c'est que j'aime profondément mon travail, que j'aime profondément les magazines dans lesquels j'ai officié. Plus que des simples journaux, pour moi, cela a été de vraies familles.

(Pause un peu pensive mais habitée, pendant laquelle il joignit les mains, de façon quasi mystique, sans doute pour donner du poids à ce qui allait suivre.)

— Alors voilà, comme tout parent, je ne vous demande pas de m'aimer, vous me détesterez souvent, vous me trouverez irascible mais ce qui est certain, c'est que je suis très bon à ce que je fais, le meilleur de tout le secteur, l'expérience le prouve et je vous amènerai toujours au plus loin de vos capacités. Je vous pousserai, pousserai, pour que nous fassions un féminin inattendu, unique en son genre, je vous aiderai à découvrir votre plein potentiel. Je suis là pour cela. Je sais que nombre d'entre vous, s'étonnent que l'on ait mis un homme à la tête de l'aventure, mais sachez qu'il n'y a pas plus femme que moi.

(Rire aigu.)

— J'ai été élevée dans une famille de femmes, j'aime profondément les femmes, et je ne serai que le modeste capitaine, qui vous soutiendra pour atteindre le bon port, mon prénom je vous le rappelle, c'est Noé.

(Rires dans la rédaction.)

— Et peut-être qu'il ne m'a pas été donné pour rien. Vous pouvez me faire confiance, ensemble, nous irons loin.

Dans une époque obscure, où le monde semblait s'effondrer, l'assurance grotesque, presque risible tant elle était premier degré, de Noé, ponctuée de son côté effarouché, détonnait. On avait envie de le suivre, me disais-je, tout en me blâmant immédiatement de cette pensée impie.

Les rédactrices subalternes de chez *FÉMININ* s'étaient réunies en urgence à l'issue de l'événement.

La machine à café jasait.

Il fallait comprendre leur inquiétude. Elles avaient tant donné à *FÉMININ*, que le titre leur appartenait un peu – voir une figure inconnue s'y incruster, était une violation d'ordre privé. Elles étaient nostalgiques. Avant, se souvenaient-elles, il y avait eu des moments plus joyeux, plus amicaux, les souvenirs d'anciens collègues charismatiques hantaient encore l'espace désolé. Soudain, même Anita Soler paraissait regrettable.

Elles s'accrochaient à ce journal, comme à une famille dysfonctionnelle dont on ne peut toutefois se séparer, et Noé, était le nouveau beau-père, qu'il fallait répudier.

##
J'avais honte, pour ma part, d'avouer que Noé m'attirait.

Je lui trouvais une folie plaisante, j'aimais sa déviance, sa démence, qu'il trimballait mais aussi cette droiture, ce sérieux dont il savait faire preuve. Sa culture, qui était proche de la mienne. Il aimait les groupes de rock punk lesbien, il traînait avec des filles révoltées, adulait les icônes féminines abîmées.

Noé avait un côté petite frappe des mauvais quartiers anglais, qu'il combinait avec une douceur désarmante – il ne cadrait pas avec la masculinité en tube qui prévalait dans le royaume hétérosexuel. Sa peau était trop fine et pâle, sa coupe de moine trop étrange, ses membres trop fins, il avait un regard clair, perdu et rêveur, un songe mystérieux, qui courait jusqu'aux extrémités de ses cils épais. Il détenait quelque chose de trouble dans le genre. Il mettait des boucles d'oreilles, des creepers, des pantalons courts, dévoilant des chaussettes de qualité, même sa dégaine diffusait une ambiguïté.

Et pourtant si vous regardiez bien, dans un second temps, il cachait un autre tempérament. Quand il s'énervait, ce qui arriverait de plus en plus au fil des jours, il tapait du poing sur la table avec une virilité soudaine, un ton brusque. Il jouait sur plusieurs tableaux, entre sensibilité exacerbée et brutalité, il était l'ami des femmes mais le papa qui savait resserrer la vis en cas de pépin.

Seul son rire me dérangeait. Il avait un tintement faussé, mal réglé, qui résonnait dans tout le bâtiment – il grimpait, progressivement, comme une mélodie préenregistrée, le vulgaire plagiat d'un instant de joie. Cela dit, je mettais cette reproduction un peu théâtrale, sur le compte d'un malaise en société.

Cette curieuse alliance de personnalités, attisait ma curiosité.

Sa présence m'envoûtait. Je savais que son corps était là, quelque part, proche du mien, derrière une vitre. Je pouvais percevoir la petite cour qui se formait déjà autour de son allure élastique et pressée, des essaims de silhouettes fébriles emboîter son

La chèvre et le chou

pas, espérant lui voler quelques mots, quelques minutes, son choix, sa décision.

Si toutes les femmes exécraient la signification de son arrivée, c'était lui désormais le patron, et l'on désirait avoir un peu de son attention.

Les journalistes étaient terrifiées à l'idée de perdre leur emploi. Quels postes allait-il remplacer par des alliés à lui ? était la question qui tournoyait sans cesse à la machine à café, où les ragots sur son compte se démultipliaient, et les mèches de la rébellion brûlaient déjà en silence.

Tout le monde se persuadait que Noé avait « d'autres plans » : c'est-à-dire, qu'une armée de l'ombre allait bientôt arriver pour nous décapiter.

Les rédactrices étaient réalistes : Noé ne nous considérait pas, il n'allait pas nous garder très longtemps.

##

Noé m'apparut comme la voix du changement.

Il allait, je le pensais, transformer le magazine, et ouvrir la porte vers d'autres contrées. Il parlait de vision avant-gardiste, de belles enquêtes, de grands portraits. Je voyais en lui un espoir, un renouveau.

C'est lui qui vint à ma rencontre, plus d'un mois après son discours.

Féminin

Il était 13 heures et notre open space était presque désert. À cette heure de la journée, seule l'équipe web était au complet. Les autres rédactrices étaient parties déjeuner à la cantine d'entreprise. Sam était en rendez-vous à l'extérieur. L'arrivée de Noé la déstabilisait. Je voyais que ma N+1 se sentait humiliée par son manque de considération. Jusqu'alors, elle avait joui d'une place centrale. Elle avait régné dans les hauteurs du journal, depuis les débuts du titre. Noé incarnait un pouvoir supérieur, adoubé par le groupe, et elle voyait d'un mauvais œil le fait qu'il commençât à empiéter sur son territoire. Elle avait, à plusieurs reprises, tenté d'en discuter avec lui, mais elle n'avait reçu qu'un hochement de tête un peu méprisant, suivi de quelques mots :

— Je suis débordé, mais on se voit bientôt.

On ne faisait pas attendre Sam Dox.

Au sein de l'équipe, nous percevions la tension nerveuse qui l'habitait et ma collègue Joanne courbait l'échine, de peur d'être en première ligne, tentant maladroitement de canaliser sa fureur. Noé avait à l'inverse, l'air goguenard, comme si l'agitation de Sam l'amusait. Il affichait une distance, minutée, travaillée.

Quand il s'assit au poste derrière le mien, je sursautais. Je ne l'avais pas vu descendre l'escalier en colimaçon, et je n'avais certainement pas imaginé qu'il puisse venir à moi, lui qui sortait rarement de son bureau. Il affichait une attitude naturelle, presque indolente.

— Tu m'évites, je crois.

— Non, pas du tout.

— Et dire que tu es une amie de Cléo... Le destin ! Pardon mais avec tout ce cirque, je n'ai pas pris le temps de venir te saluer.

— Oh ce n'est pas important.

— Oh si ! Et puis, j'ai lu tes papiers, ils sont tellement brillants... je me demande bien ce que tu fais ici.

Il avait embrassé la rédaction du regard, et avait ri. J'étais sonnée qu'il se permette de critiquer aussi ouvertement la qualité du journal et le travail de mes collègues. J'entendis l'une des filles du web toussoter, alertant du fait qu'elle suivait notre conversation. Je devins tendue, crispée sur ma chaise.

Comme s'il avait saisi mes craintes, Noé se leva prestement.

— Parlons-en plus sérieusement dans mon bureau. À 9 heures demain, OK ? J'ai de grandes ambitions pour ce journal, il a besoin d'être remanié, transformé, et j'ai besoin d'une personne comme toi pour m'aider.

Toussotement lointain.

9 heures, le lendemain.

Noé changea le lieu de notre premier rendez-vous.

Il m'envoya un mail me demandant si nous pouvions plutôt, nous retrouver dans un café. Je fus un peu mal à l'aise de le rencontrer dans un lieu extérieur au journal, mais je ne me trouvais pas vraiment en position de refuser. Il avait la réputation d'entretenir ce type de rapport plus familier avec ses collaborateurs et je décidai de ne pas m'alarmer.

Après tout, n'avions-nous pas des connaissances en commun ?

J'arrivai à l'heure, mais il m'avait devancée, je l'observai de loin avant d'entrer : il avait le front légèrement plissé en regardant son téléphone, il était très souvent absorbé par son écran, avais-je pu remarquer. Il semblait que s'y jouaient des échanges à l'envergure internationale dont seul lui détenait la clé. Lorsque je fus au niveau de sa table, il m'invita à m'asseoir mais me demanda poliment d'attendre, car il devait finir un mail « très important ». Je restai assise face à lui cinq bonnes minutes, et je consultai également mon téléphone – je likais quelques posts sur Instagram, en singeant un regard pénétré.

Quand le serveur s'approcha, je commandai un Coca zéro, soulagée que ce jeune type rompe le silence entre nous.

La chèvre et le chou

— Deux, lança-t-il en souriant. Je suis accro à ce truc dès le matin, toi aussi ?

Allait démarrer le ballet infini des similitudes. Dès les premières minutes de notre entrevue, Noé ne fit que pointer notre gémellité. À l'entendre, il avait trouvé une âme sœur professionnelle – comme lui, j'oscillais entre plusieurs domaines de réflexion, je réussissais à dépeindre la mode avec un regard si fin, si contemporain ! Cela lui rappelait ses premiers écrits, il en avait été ému. Pour être honnête, m'avait-il confié rapidement, il trouvait le niveau du journal globalement mauvais – toutes les soi-disant plumes étaient à jeter à la poubelle, sauf la mienne, dont la qualité littéraire, la verve sociologique, lui rappelaient son autrice préférée.

Je la connaissais ? Non ? Il m'apporterait ses livres demain.

Nous ne nous étions pas croisés par hasard par une connaissance mutuelle, c'était un signe : nous allions transformer un vulgaire magazine féminin, en fanzine haletant.

— Ah, toi aussi, tu préfères les croissants aux pains au chocolat ? C'est amusant.

Noé transposait notre travail en œuvre. Notre métier, en profession de foi, son vocabulaire empruntait à de nombreux champs : religieux, musical, qui soudain, faisaient entrevoir la réalité de ce que nous faisions différemment. *FÉMININ* n'était plus un journal, mais une passion. En faisant glisser, de plus en plus, notre fonction dans le domaine amoureux, il m'attrapait par le col, et me plaçait dans un lieu où rien n'était bien réel, où tout n'était qu'émotion, où les frontières de chaque chose cédaient grâce à la magie trouble du langage : les rapports hiérarchiques, relationnels, aucune barrière n'existait vraiment dans cet espace, tout était rendu possible par le truchement des verbes et de leurs compléments. Nos corps s'étaient rapprochés – je laissais affleurer en moi, une sève nouvelle, je reprenais vie, à travers les mots de Noé, des émotions enfouies s'agitaient, je me sentais désormais investie d'une mission, mêlant érotisme et littérature.

Moi qui ces derniers temps, connaissais une crise interne, et ne me plaisais plus beaucoup chez *FÉMININ*. Soudain, voilà que quelqu'un m'érigeait en héroïne littéraire.

J'étais profondément flattée.

Je lui proposais d'emblée une chronique : un récit intime qui soulèverait des questionnements actuels plus larges, féministes entre autres. Il trouva cela formidable. Il avait besoin de femmes comme moi, passionnées, brillantes, militantes, à la tête des sections. Dans chacun de ses compliments, planait l'idée qu'il s'éprenait de ma personne, plus que de mes qualifications.

La chèvre et le chou

Je quittais le rendez-vous, presque accro à la vision qu'il avait de moi, je ne pensais plus qu'à une chose : le revoir, lui parler encore. Cela tombait bien, il m'avait proposé un café, même heure, même endroit, pour parler du nouveau projet sur lequel il me mandatait secrètement, pour l'instant.
9 heures, le lendemain.

##
Le café Voltaire au petit matin, devint notre QG.

Pendant plusieurs semaines, nous nous y étions retrouvés, instaurant un rituel, Noé trouvait toujours des prétextes, des choses à revoir, des projets dont il fallait discuter. Il avait besoin de mon avis sur tout, il se nourrissait de mes idées, il s'amusait de mes révoltes. Il était touchant, car il arrivait toujours en avance, il attendait visiblement nos entrevues avec une impatience adolescente. Il se laissait aller, de plus en plus, à des considérations privées : il était marié mais en pleine séparation, et il ne savait pas à qui se confier.

Je devins la collaboratrice, le bras droit, l'amie, l'amante platonique – bientôt, je ne vivais plus que pour ces quelques minutes, dans ce bistrot trop bruyant, qui donnait sur un parc endormi où nous marchions ensuite quelques minutes, après le petit-déjeuner, nous enivrant de l'air chargé d'émotions qui enlaçaient le parfum des feuilles humides.

J'avais toujours aimé le matin, l'odeur du café, les joggeurs qui me dépassaient dans les parcs. Je sentais la joie que me procurait la compagnie matinale de Noé dans les allées rousses du square, dans le sillon ombragé des rues que nous empruntions pour retourner au journal, à des heures de plus en plus tardives, les cheveux ébouriffés par le vent, les joues fraîches et rosées par l'excitation. Nous parlions philosophie, musique, ces échanges nous transportaient dans d'autres régions, d'autres paysages. Je voyais en notre union, la magie du voyage. Un imaginaire plein, serein, dans lequel j'aimais me lover tendrement.

Quel hasard ! Noé avait consacré un de ses premiers essais au renouveau du féminisme, et s'était passionné pour la culture queer. Nous partagions les mêmes obsessions.

Je savais que chez *FÉMININ*, la machine à café commençait à s'agiter, de nous voir ainsi arriver ensemble ou à quelques minutes d'écart, car nous veillions à nous séparer cent mètres auparavant, pour éviter les racontars.

Noé se fichait des rumeurs, cela ne faisait pas partie de son vocabulaire, il aimait la simplicité de notre relation. Est-ce qu'il ne me prenait pas trop de temps, j'en étais sûre ? Il était possessif, il en

La chèvre et le chou

avait conscience, il s'en excusait platement mais il voulait tout découvrir de moi, tout savoir. Il affichait une fougue, une insouciance désarmante.

Je devais le rappeler à l'ordre car de mon côté, je m'inquiétais. J'insistais pour que nous choisissions la table du café la plus éloignée du boulevard, que nous rentrions par des voies opposées. J'avais le pressentiment que si nos échanges s'ébruitaient, ce serait sur moi, que s'abattrait la punition.

Mais comme il était dur de résister ! Il était de toutes les attentions. Il m'envoyait des SMS, brillants, drôles, il m'offrait des livres passionnants, et je baissais la garde, instantanément. J'étais au Voltaire, à 9 heures pétaradantes, avec l'envie de plus en plus pressante, de l'embrasser. Tout était si glissant, si trouble, que j'oubliais sans cesse qu'il ne s'agissait pas de rendez-vous amoureux palpitants. Parfois, je reprenais mes esprits sur la réalité de la situation. Je me promettais de lui envoyer un message de refus, le jour suivant.

Mais jamais je n'y parvenais.

Après tout, au-delà d'être ma nouvelle idylle secrète.

Il était mon patron.

##

Noé prévint Sam du changement, quelque part au milieu de décembre.

Féminin

Il lui expliqua que j'écrirais désormais des papiers culture et société, qu'il me commanderait directement, en plus des articles dédiés à la mode. Sam avait simplement répondu :

— Eh bien, elle travaillera doublement.

Elle semblait prendre un malin plaisir à me surcharger de travail. Elle me commandait de grosses enquêtes, des papiers longs et rébarbatifs, qui rendaient ma double casquette trop lourde à porter. Mais je pris cela comme un défi et je travaillai sans arrêt, presque excitée – l'adrénaline, me tenait, j'étais dans un état second, transportée par mon amour naissant pour Noé, par ma liberté d'écriture et de ton. Grâce à lui je retrouvais enfin le journalisme de terrain, j'avais l'opportunité de parler de sujets qui m'importaient : les mouvements jeunes et écolos, le combat LGBTQIA+, le féminisme. Je pouvais réaliser des reportages auxquels j'avais rêvé depuis longtemps, embrasser à nouveau des engagements cruciaux, que j'avais délaissés.

Plus rien ne comptait sauf écrire, et échanger de tout cela, avec Noé.

Je sillonnais le monde, pour sentir le pouls des nouvelles générations. La jeunesse s'animait d'un nouveau tressaillement politique. J'exécutai une série de grands sujets sur les soulèvements de vingtenaires insurgés. Tout paraissait si vrai, soudain, la puissance du réel, me saisissait aux tripes.

La chèvre et le chou

J'associais trop rapidement Noé à ma liberté retrouvée.

J'avais travaillé pendant des années pour divers médias sur les mêmes thématiques, mais il me ramenait à mon essence, et c'était comme s'il m'avait découverte une seconde fois, comme si je lui devais la chance d'exercer le journalisme d'investigation. Il distillait lui-même cette idée : il jouait au pygmalion, qui me permettait d'éclore dans la presse, de sortir du cachot doré de la mode. J'acceptais ses réflexions, si prétentieuses qu'elles en étaient presque caricaturales. J'y décelais une fierté un peu maladroite.

— C'est notre premier enfant avec Frankie, mais nous en aurons plein d'autres, avait-il plaisanté en public, en évoquant un papier que nous avions signé à quatre mains. L'allusion déplacée m'avait glacé le sang mais j'y voyais une envie trop pressante de sa part, d'officialiser notre relation. Cette remarque n'avait échappé à personne et surtout pas à Sam, qui supportait mal de voir que je m'éloignais de son équipe. Pour elle mon attitude était « prétentieuse et égocentrique », avait-elle dit à Joanne, ce qui me blessa profondément. Joanne se montrait plus distante, elle faisait preuve d'une loyauté un peu masochiste à l'égard de Sam. Cette dernière resserrait son emprise sur les anciennes du journal.

Je me démarquais de la mauvaise façon.

Féminin

L'entreprise nous avait appris qu'il ne fallait pas s'émanciper ou briller au-dessus de la mêlée. N'était-ce pas ce qui était demandé aux femmes, de toute façon ? Emprunter une attitude digne, modeste – ne pas détonner.

Je rompais ce serment.

Je fus éloignée du cercle de la machine à café. Comme je voyais les autres filles ricaner ou soupirer en pianotant avec vélocité sur leurs claviers, j'en déduisais qu'un autre fil de conversation avait été conçu pour mieux m'écarter de leurs discussions.

Je passais du côté de l'ennemi.

Dans le même temps, tout le monde rêvait de pactiser avec lui.

L'atmosphère était pesante de contradictions.

Je me rapprochai de notre directeur technique, Arnaud. Nous analysions le changement qui s'opérait au sein des troupes, devant le poisson pané servi par notre self-service. Parfois, nous allions débattre sur la terrasse, au huitième étage, qui jouissait d'une vue plongeante sur d'autres bâtiments opaques, agonisant sous le soleil fugitif de janvier. Arnaud voyait dans le rapport qui se tissait avec le patron, une forme de complexité. Il avait lu dans *Le Monde,* que l'homme de pouvoir incarnait souvent la figure paternelle, à laquelle on voulait plaire, quitte à entrer en compétition.

— Moi qui ai un père foireux, je suis mal barrée, avais-je plaisanté.

Je ne percevais pas le danger.

##
Sam m'évitait.

J'étais malheureuse que nos liens soient aussi distendus. Je culpabilisais de m'éloigner d'elle. Mais sa violence et sa tyrannie m'effrayaient, et je pensais qu'il était temps de m'en écarter. Je désirai lui montrer le premier jet de ma chronique, qui avait été sobrement maquetté avec ma photo. Afin d'en faire une copie, je me déplaçai à la photocopieuse, zone frontalière et neutre entre le « SR » et la rédaction.

Je détestais ce lieu : une salle étroite et lugubre dont l'emplacement à l'entrée de l'open space, vous transformait souvent en comité accueil. On y croisait des coursiers énervés, ou des mannequins paumés – je reconnaissais ces femmes, par la fragilité qui se dégageait de leur haute carrure. La grande majorité d'entre elles était jeune, dix-sept ans au bas mot, elles venaient souvent de milieux pauvres, de bleds d'Europe de l'Est. Elles s'étaient perdues plusieurs fois avant d'arriver ici et on les accueillait sans une once d'humanité. La directrice de casting ne les saluait pas, elle parcourait leur CV machinalement, leur demandait de tourner sur elles-mêmes, puis les renvoyait chez elles – et voilà qu'après cinq minutes d'entretien, elles devaient traverser Paris à nouveau. Comme si le fait qu'elles soient aphones dans nos pages, nous donnait le droit de ne leur attribuer aucune substance.

De manière générale, dans l'industrie de la mode, les mannequins détenaient quelque chose de fantomatique. Leurs longues silhouettes évanescentes m'apparaissaient toujours comme placées derrière une vitrine imaginaire. Lorsque je me rendais dans les coulisses des défilés, j'étais interloquée par cette absence d'existence. Ces jeunes femmes se changeaient sous les objectifs de photographes, on capturait leur peau, leurs os frêles, sans échanger aucun mot avec elles. Un top-model que j'avais interviewé s'était élevé contre la maltraitance qui rôdait dans leur métier. Pendant certains essayages avant les défilés, des mineures étaient restées des heures debout, sans manger, sans même boire un peu d'eau. On apprenait à ces filles, enthousiastes et malléables comme on l'est à l'adolescence, à être dociles, invisibles, à se réduire à une image – on prenait peu à peu possession de leur identité. J'essayais souvent d'imaginer qui elles étaient au quotidien, quand elles reprenaient forme humaine. J'avais envie d'échanger avec elles, de leurs peines de cœur, de leurs galères financières, de les sortir de cet écran invisible, qui les poussaient à se taire.

Une grande brune se tenait justement là et je lui indiquai la direction à suivre si bien que je ne vis pas immédiatement, la mine déconfite de Joanne, qui s'avançait vers moi.

La chèvre et le chou

— Sam a vu ta chronique par inadvertance.
Ma collègue avait le souffle court, haché.
— Et alors, elle ne lui a pas plu ?
— Frankie... Elle n'était pas au courant de cette chronique. Personne ne l'est ici.
Je sentais que mon sang avait du mal à irriguer mon cerveau, et l'ensemble de ma zone faciale. Je comprenais désormais l'attitude ulcérée de Joanne. Nous allions prendre un très gros savon, et peut-être, que ma collègue avait déjà essuyé l'emportement de notre supérieure. Je posais ma main sur son épaule, mais Joanne s'était dégagée. Je croisais son regard : ses prunelles semblaient chercher un point à l'horizon, et ses paupières frétillaient.
— Pourquoi tu ne nous as rien dit, Frankie ?
Ce « nous », m'asséna un second coup dans la tempe. Ma bouche s'asséna immédiatement. Qui se cachait derrière ce « nous » ? Qui était le « nous » qui devisait derrière mon dos désormais, qui se liguait contre moi ? Ce « nous » ne laissait rien augurer de bon.
Je partis en quête de Noé. Il m'était difficile de comprendre pourquoi il n'avait pas prévenu Sam, comme cela avait été convenu. Il me mettait dans une situation terrible de traîtrise, et je payais les conséquences de son mauvais management.
— Ne t'inquiète pas ! J'ai oublié de lui en parler, c'est vrai ! Mais on s'en fout, non ?

Il était en train de faire du shopping pour son fils. Je m'étonnais quelques minutes, qu'il s'adonnât à ce genre d'activité sur ses heures de travail mais après tout, pourquoi pas. N'était-il pas iconoclaste ?

Je sentais que la rédaction était sur le point de s'insurger, et que je serais en première ligne, mais il ne semblait pas s'en soucier.

##
Si mes relations se corsaient avec mes pairs, je pensais être enfin dans le droit chemin.

Noé fut la liberté retrouvée mais aussi, une estime de moi regagnée. Pour faire honneur à cette chance, j'allouais tout mon temps à mes reportages : mes week-ends, mes heures libres, j'étais tout entière dévouée à mon travail, comme je l'étais à Noé. Le fait d'avoir ce rapport de proximité avec lui me donnait quelques remords, je ressentais la culpabilité d'être privilégiée, aussi je m'escrimais à prouver ma valeur ajoutée.

Je redoublais d'efforts.

Je me faisais un challenge de montrer que je pouvais aller toujours plus loin, couvrir les sujets les plus dangereux, dans des contrées isolées. Je visitais une prison contrôlée par des gangs en Bolivie. Je manquais de me retrouver dans un guet-apens, dans un quartier gangrené par le trafic de drogue, que nous avions traversé en voiture, inconscients.

Je partais pour l'Amazonie, au beau milieu de la jungle.

Je suivais de jeunes artistes dissidents anti-Poutine en Russie, alors qu'une journaliste indépendante venait de se faire poignarder dans des conditions étranges pour avoir critiqué le gouvernement.

Je me passionnais pour l'Afrique du Sud. Je couvrais ses changements, m'immisçant dans les townships de la ville, ou les universités, auprès de la jeune garde d'artistes et activistes noirs en colère, qui se ralliaient au parti de la gauche pour détruire les inégalités.

J'aimais mon travail à nouveau.

J'aimais.

* * *

J'entrai dans une partie plus heureuse de ma vie.
Je croisai une personne formidable et notre amour fut fulgurant. Toutes mes affaires jonchèrent bientôt le salon exigu de son appartement de deux pièces en location. Comme moi, elle avait connu des déconvenues financières, elle avait vécu un amour toxique – nous repartions de zéro, mais un beau zéro, sobre, joyeux, proche de la véracité des choses.

Je me consacrais à l'écriture, et signais un premier roman.

Je me relevais.

J'avais la possibilité de faire appel à mon jugement.

Je décidai de m'y employer mais de trouver une autre avocate. Sur les conseils du Syndicat national des journalistes, je rencontrai cette femme. Son cabinet était en banlieue, une petite maison chaleureuse à Bagnolet, je peinai à m'y rendre en métro, car j'étais enceinte de six mois. Je la trouvai terriblement sympathique.

Je pris conscience que la loi pouvait aussi avoir des reliefs plus humains. Elle se pencha sur mon dossier avec sérieux – on était passé, me dit-elle, complètement à côté de mon cas. J'étais journaliste et j'étais donc protégée par une convention collective. Mon forfait, illégal, était un CDI déguisé. J'aurais dû avoir un préavis, des indemnités de licenciement, du chômage.

Enfin, quelqu'un m'entendait.

Cette avocate faisait partie d'un collectif du barreau qui défendait les droits des femmes. Je m'aventurais pour la première fois, à lui demander comment se déroulerait la suite si « par hasard » je voulais ajouter une présomption de harcèlement à mon dossier.

Elle fut embêtée : on ne pouvait malheureusement plus ajouter ce type de clause à mes conclusions, il était trop tard. Ma seule possibilité était de plaider le cas au pénal. Voulais-je lui en parler ? J'étais sereine à nouveau, je renonçais à ce versant de l'histoire.

L'argent, je le pensais, me suffirait.

Des taxis volants

Comment raconter mon histoire avec Noé ?
Je pourrais parler des maux de ventre insolents. L'impression d'avoir été soudainement éclairée par sa présence, d'avoir trouvé mon alter ego. Cette obsession pour lui, l'odeur de musc grinçant dans son cou, ses manières de jeune garçon sage mais aussi son côté parfois taiseux, taciturne. Son mystère, ses grains de beauté clairs. Je pourrais composer de notre amour, un tableau – les allées, toujours semblables, dans lesquelles nous nous engouffrions, enfouissant notre amour dans de grandes jungles, les pavés rosés des petits matins frais, des chaleurs qui engourdissaient nos membres. L'impression qu'il me sortait enfin, du marasme amoureux, que je découvrais en lui, la vérité du sentiment.
Noé me réveillait.
Il m'envoyait de plus en plus de messages, son discours se teintait d'une frénésie, d'une folie, qui m'excitait.

Il était rare de tomber sur des êtres enflammés, embarqués dans leurs propres obsessions. À cette époque je croisais sur Tinder des êtres passifs et désengagés, or Noé vendait un imaginaire baroque, électrisant, il me transplantait dans une seconde réalité, plus éclatante, plus affolante.

Il était là : présent.

Il n'avait pas peur, d'être trop imposant, trop engageant – il ne vivait pas à moitié. Il était aussi entier, aussi éperdu que je l'étais.

Voilà ce que j'aimais chez lui, en premier : la possibilité d'un ailleurs amoureux, qui défriserait la médiocrité ambiante.

Je pourrais écrire ce que Noé avait imaginé de notre amour, plus que ce que nous avions réellement vécu – Noé m'avait inondé de sa plume, il avait composé notre histoire par mails, par textos, et je peinais parfois à démêler la vérité de ses sentiments, de ce qu'il en avait fantasmé. J'étais enfermée, délicieusement, dans ses phrases, ces images qu'il brossait : des peintures au jaune rougeoyant, sur un fond bleu cyan, il imaginait un ranch, que nous achèterions à deux, un grand entrepôt en bois qui craquait quand venait la pluie, nous étions tous deux passionnés par Neil Young. Le bush américain.

Des taxis volants

Nous projetions, une disparition. Un isolement dans les bois, loin de « tout cela » : les médias, *FÉMININ*.

Notre amour était un espace que nous avions esquissé ensemble dans des textes fiévreux : un salon empli de cactus, des livres grimpant sur les murs, des disques par milliers. Dehors, les grands lacs. Rien d'autre.

— Un cheval, on achètera un cheval ?
— Je déteste les chevaux !

C'était notre seul point de discorde. Noé aimait tout ce que j'aimais, et inversement. Il ne cessait de répéter « comme moi ». « Je te comprends ». Tout était partagé, égal, idéal.

Pendant six mois, Noé m'avait conquise.

J'avais refusé au départ, de l'embrasser, même si son divorce se précisait. J'établissais une distance entre nous respectable, je me collais à la vitre des taxis, souvent, car j'étais effrayée d'être propulsée contre lui comme à un aimant.

Noé n'était pas insistant, il me rassurait beaucoup. Il me contait avec tristesse ses dernières disputes avec sa femme. Ils faisaient chambre à part, car elle aussi, avait déjà rencontré quelqu'un. Au travail, ce ne serait pas un problème, après tout, c'était notre vie privée, Noé me protégerait. Noé n'en avait rien à foutre des on-dit. Nous nous étions trouvés, c'était plus puissant, intense, que tout au monde, nous ne pouvions laisser filer cet amour incandescent, il était au-dessus de tout boniment. Il utilisait des termes choisis qui résonnaient en moi : lumière, sincérité, franchise.

Il avait raison, pensais-je, pourquoi s'encombrer des jugements des autres, pourquoi ne pas s'aimer, simplement, éperdument, puisque la vie nous offrait cette chance ?

Je lui demandais de régler la situation prestement.

— Je refuse d'être ta maîtresse, lui avais-je intimé.

— Tu ne le seras jamais.

Je le croyais, évidemment. Pourquoi ne pas croire un être qui se montrait si droit, si décisionnaire, si juste ? Il était évident, que notre histoire nous soulevait tous les deux, comblait enfin le manque, le vide, l'absence d'amour passée.

Il était parfait, plein, serein.

Une bénédiction.

Je lâchai la garde, je me laissai aller à la vulnérabilité la plus totale, propice à l'amour, sain, et véritable.

Car si l'on se méfie, à quoi bon aimer ?

Il me valorisait en permanence.

Pour ma part, je me sentais sur un pied total d'égalité. Après tout, je valais autant que Noé, et pour moi, il n'y avait pas de réels rapports de domination. J'étais pleine d'assurance – j'avais une carrière reluisante dont j'étais fière, car j'y avais consacré une grande partie de mes jeunes années. Il était pour moi normal que je tombe amoureuse d'un homme ambitieux et intelligent.

J'avais la certitude que le monde allait reconnaître cette concordance de valeurs, malgré nos postes actuels respectifs.

Noé ne me traitait jamais comme une subalterne, au contraire, il avait tout à apprendre de moi, disait-il.

J'étais, selon lui, d'un talent rare et d'une force extrême.

Nous avions conquis Paris à pied, errant, discutant, oubliant même les heures de travail, nous avions baladé nos corps, enlacés à distance l'un à l'autre, dans les arènes de Lutèce, dans des impasses discrètes, des espaces eux-mêmes écartés du temps, où nous pouvions nous réinventer en personnages romanesques, des héros contrariés dans leur genre, leur sexualité.

Noé se confiait peu à peu sur son passé. Il était le fils d'une Française, secrétaire dans la finance, et d'un banquier anglais, un bourrin d'école de commerce, aimait-il préciser, habitué aux stades de foot et aux pubs, qui avait plus ou moins réussi. Son père était très croyant. Il avait incarné une figure de père castrateur, qui moquait la tendresse de son fils. Il l'avait battu, me disait-il « pas toujours » pas tout le temps, mais suffisamment pour qu'il craigne cette foudre paternelle qui pouvait s'abattre sur lui, à chaque instant. Il avait exécré cette virilité grossière.

Au lycée Noé avait porté les cheveux longs, lisait des poètes romantiques, mais on l'avait traité de « pédé » et les filles l'avaient longtemps mis à l'écart. Il avait développé une masculinité plus sensible, plus ambiguë. Il avait rencontré sa femme Agnès à vingt ans, dans un concert punk. Une étudiante rousse, aux cheveux courts et à Perfecto, qui désirait elle aussi, réinventer les lois du genre. Et puis, l'ambition faisant, ils étaient entrés dans les schémas classiques matrimoniaux. Ils avaient très vite asphyxié sous la norme.

Avec moi, Noé sentait qu'il brisait ses chaînes. Il était malheureux pour Agnès, et la famille qu'ils avaient construite, mais il savait que la vie leur offrait à tous deux une nouvelle chance.

Il voulait être plus doux, retrouver auprès de moi ce jeune homme émotif et contrarié qu'il avait été, abolir les barrières, bouleverser sa sexualité.

Nous avions discuté à bâtons rompus, grimpant dans des centaines de taxis, des BM, des Toyota, des Ford, mais dans ma mémoire, tous les taxis avaient les mêmes chauffeurs, diffusaient le même air de new wave, nous étions tous les deux recroquevillés à l'arrière, nos mains osant à peine

Des taxis volants

s'effleurer, nous nous regardions avec fougue mais maladroitement, la buée sur les vitres se formait et nous ne percevions plus rien du dehors – nous parcourions un monde incertain, flouté – transcendant la vie, car notre amour était plus fort que le temps, que la course du dehors.

En rentrant chez moi, j'avais encore le souvenir érotique et poisseux de ces instants, collés au cortex et au cœur.

##

Je laissai Noé m'embrasser. J'acceptai de franchir ce pas six mois plus tard, sur le quai venteux d'une gare.

À partir de cet instant, je l'aimai toujours plus.

Je lui rapportais des cadeaux de mes voyages.

Il était troublant. J'observais désormais sa peau laiteuse et veloutée, qui disparaissait dans les draps crémeux de mon lit. L'étoffe qui coupait ma peau tandis que je caressais ses bras, fins, graciles, comme de longues tiges florales, qui coulaient contre mes reins. Le sexe avec lui était trop rapide, adolescent, parfois effectué dans des cages d'escalier, des espaces imprévus. Il y avait l'interdit bien sûr, qui titillait mes bas instincts, qui effaçait mon ennui mais il y avait aussi cette impression d'être sans cesse placée dans un espace étonnant, galvanisant.

Féminin

Il ne faisait rien comme tout le monde.

Il pouvait débarquer à l'aéroport, après avoir traversé Paris, pour venir m'accompagner quelques minutes avant l'embarquement, lorsque je partais en reportage. Je nous vois encore, assis tous les deux au milieu du hall désert et endormi de Charles-de-Gaulle, nous enlaçant sur les tables renversées de chez Paul. La surprise était sa marque de fabrique. Il aimait s'introduire dans chacune de mes journées, et surtout si je n'étais pas au courant, il surgissait dans mon quotidien, le rendant plus magique, plus dément.

J'étais stupéfaite, parfois tétanisée, de le voir se pointer à la queue d'un restaurant ou d'un musée où j'étais avec des amis, mais mon côté curieux, passionné, se réjouissait de son obsession.

Cette romance frappée accompagnait mon mode de vie, mes voyages incessants – elle faisait partie d'un tout, de mon besoin d'être rassasiée, sans cesse, d'images et d'événements, de mouvements trop pressés, pour combler mes fragilités.

##
À la rédaction, j'entendais qu'untel avait pleuré.
Unetelle avait hurlé.
Mais les cris des autres devenaient distants.
Noé avait toujours une bonne excuse – les filles étaient à vif, cela n'avait rien à voir avec lui. Le groupe plaçait sur lui une pression démoniaque et

le forçait à agir efficacement. Il aurait aimé que cela en soit autrement. Il était fatigué, épuisé, par toute cette tension. Je voyais bien qu'il haussait parfois le ton avec dureté, qu'il se donnait le droit de décider d'absolument tout, qu'il pouvait piquer des crises puissantes quand on osait le remettre en question. Mais il clamait qu'il s'agissait de solides techniques de management. Je devais comprendre : il avait été chef, à plusieurs reprises, et si on se laissait bouffer par les petites contrariétés des uns et des autres, on finissait par y laisser sa peau.

A priori, dans d'autres cas, j'aurais fusillé Noé, comme symbole du patronat et du patriarcat. Mais là, non.

Je ne voyais rien.

Rien.

Ai-je été naïve, bête, inconsciente ? Malfaisante ? Sans doute. Je ne me défile pas, je prends mes responsabilités : j'ai été aveuglée par la passion.

Je vivais dans une temporalité de plus en plus déroutante. Je naviguais entre différents pays étrangers, l'écriture de milliers de signes. Je ne me mêlais plus aux bruits de couloir, je ne déjeunais plus avec les filles à la cantine.

Mes seules heures libres étaient occupées par mes articles, ou par Noé.

Notre relation m'isolait, sans cesse – géographiquement, émotionnellement.

Elle créait une digue entre moi et le reste du monde. Mais n'était-ce pas le cas, de toutes les amours naissantes ?

Noé m'emplissait de ses propos, de son regard, il était si central et omniprésent que j'étais incapable de questionner ses agissements. Noé, devenait moi, et d'ailleurs, c'est ce qu'il aimait clamer.

— Tu es en moi.

##

Bientôt, la parole de Noé se détachait des autres, et devenait mienne. Sa présence centrale, l'érigeait, comme seule et inébranlable vérité.

Il était tout le temps là.

Lorsqu'il ne m'attendait pas sur le pas de la porte, ou à la sortie du journal, il m'appelait en permanence. Ces appels, intempestifs, kidnappaient chaque seconde de ma journée. Il devenait le personnage principal de mon quotidien, et bientôt il n'y avait plus que sa voix, plus que son nom, qui apparaissait sans cesse sur l'écran de mon téléphone.

Noé. Noé. Noé.

67 appels.

36 messages.

« Qu'est-ce que tu fais, tu es où, je passe te prendre, si, je passe te prendre, s'il te plaît ! Tu finiras ton article plus tard. On va se balader ?

Allez, je viens en taxi te chercher, mais non ne t'inquiète pas, j'ai le droit d'utiliser les taxis de la société comme je veux, j'arrive, je serai là demain matin, non ne prends pas le métro, je viens, si, je viens. Allez. »

Je refusais puis je cédais. Son empressement appuyait sur ma corde sensible, ma soif d'amour, il emplissait ma solitude, je me repaissais de la joie d'avoir quelqu'un, qui semblait se dédier à moi, occuper son temps à m'aimer.

Et puis, une autre partie de moi se mettait à penser que je n'avais pas vraiment le choix. Ce n'est pas quelque chose que je me formulais clairement, mais cette évidence existait quelque part – tout au fond, je redoutais ce qui allait se passer, si soudain, je repoussais ses avances. Cette crainte a été très rapidement présente, sans vraiment s'annoncer.

À ce stade, je me croyais encore maîtresse des événements. Je n'avais jamais été soumise à qui que ce soit avant. Je n'avais jamais glissé dans une relation par obligation.

Noé m'observait partout, derrière la porte vitrée de mon bureau, dans le couloir, il m'attendait en taxi au bout de la rue, allant jusqu'à mettre des frontières physiques à mon territoire.

Chaque espace mental, sonore, était scellé par sa présence.

Peu à peu, je me sentais incapable de contenir son tempérament, j'étais bientôt à la merci de son impétuosité. Il semait des déclarations d'amour voilées sur les réseaux sociaux, il affichait notre passion à la rédaction. Ses actes inconséquents, possédés, me mettaient chaque jour un peu plus en danger. Mais il ne s'en émouvait pas : il semblait éprouver, un total sentiment d'impunité.

Je me retrouvais embarquée dans un récit dont je n'avais plus aucune clé.

Pourtant, chaque jour, je m'y engouffrais, avec une inconséquence insolente.

Tous les soirs, je le voyais quitter mon appartement à 23 heures.

Pierre avait déserté les lieux, il vivait chez Vincent et nous pouvions parfois gagner le salon pour dîner puis faire l'amour. Parfois, nous nous aventurions dans la pizzeria en bas de chez moi. La manœuvre était dangereuse. Mais j'avais besoin d'air, j'avais envie que les autres nous voient, qu'ils témoignent de notre union.

N'allions-nous pas être bientôt ensemble, faire des enfants ?

Très vite, une silhouette familière, un murmure inquiétant, nous obligeaient à nous carapater dans notre refuge, de plus en plus exigu. Nous ne pouvions nous ébattre librement dans la ville, et notre amour s'échouait rapidement, dans les mêmes seuls

Des taxis volants

mètres carrés de ma chambre. Si les mots de Noé m'emportaient au loin, le chemin qu'il offrait dans le monde réel paraissait peu à peu balisé, strié d'impossibles.

Il parlait de lumière, mais je ne voyais plus que des routes ombragées.

J'étouffais.

Dans les premiers temps, j'étais intimement persuadée que nous faisions les choses avec parcimonie, correctement, en nous dissimulant ainsi – le temps du divorce, de la séparation des biens. Pourtant, quand je sentais son corps quitter mon lit, juste un peu avant minuit, je me sentais meurtrie. Une détresse amère m'enrôlait progressivement, et les pleurs ne se faisaient jamais attendre.

Je guettais son départ, pour me laisser aller aux sanglots. Plus le temps filait, moins je dissimulais cette peine aiguë, qui m'envahissait. Il me laissait chaque nuit en larmes. Il voyait ma souffrance, mais il la fuyait. Je ne sais pas exactement pourquoi je pleurais – dans mon souvenir, je me sentais démunie. J'étais confuse, enferrée dans un mensonge que je n'avais pas décidé.

Impuissante.

Stupéfaite, aussi, de voir la beauté des débuts se dérober, et glisser vers une lumière plus sale, plus crue. La césure tranchante, entre notre complicité et les promesses de Noé, la réalité, l'existence de sa famille au loin, me déstabilisaient.

Féminin

Le départ de Noé, minuté, constant, ravivait en moi cet abandon, qui avait été le mien, cette place fantôme que l'on m'avait longtemps attribuée étant enfant, avec une mère occupée à survivre et un père absent.
J'attendais.
J'attendais encore.
Cela devenait une obsession.
J'avais une impression vague de malaise, brouillée par mes sentiments. Cette émotion trop vive, mais fugace, me donnait des maux de ventre terribles et je me recroquevillais dans le lit devenu froid. Ce sentiment de honte, qui prenait parfois le dessus, m'empêchait de me révolter.
Au lieu de sortir de cette situation, je m'y enfermais, je revêtais la cape des traumatismes anciens, de la petite fille abandonnée.
Je retournais en enfance.

*
* *

Après la naissance de mon enfant, je commençai à faire des cauchemars dans lesquels Noé réapparaissait.

Mon procès en appel s'annonçait bien.

Pourtant, je ne cicatrisais pas. Je disais à mon conjoint :

« J'ai l'impression qu'il m'a ôté des parcelles de lumière que je ne retrouverai pas. »

Je venais de signer un contrat avec un éditeur pour parler de mon expérience chez *FÉMININ*. J'avais achevé la première partie, qui parlait de mon arrivée au sein du journal. Mais l'autre pan de l'histoire, celle qui évoquait Noé, se refusait à moi.

Elle générait une angoisse sourde, diffuse.

Une honte.

En l'évoquant, sans doute, je craignais de perdre ma vérité à nouveau. Qu'une fois lâchée, on s'en empare, qu'on la torde, qu'on émette des conclusions hâtives.

Je craignais de dénoncer de façon trop arbitraire. Je composais un récit collectif dans lequel chaque individu avait eu un rôle à jouer dans le cercle de violence qui s'était abattu sur moi. Or je n'avais pas envie de geler les personnages dans une image définie.

Mon opinion sur ce qui s'était passé variait bien trop souvent.

Parfois j'observais cette expérience avec distance, je l'analysais sous un prisme froid et radical. Je nous trouvais lâches, imbuvables.

Mais à d'autres moments, alors que je regardais lascivement par la fenêtre, dans un élan de procrastination, je sentais l'émotion jaillir et je percevais un autre angle, plus bienveillant.

Je saisissais qu'il n'y avait pas de bons, ou de mauvais chez *FÉMININ*, mais un conglomérat sanglant de peurs individuelles et collectives, plongées dans un système carnassier – plus que de pointer les individus, il fallait observer a posteriori, la structure qui nous dévorait, et nous poussait au pire.

Mais à force de réfléchir, de vouloir ménager, ma voix s'éclipsait. Je vivais agrippée à mon silence, et ce dernier m'étouffait. Il s'attaquait à chaque partie de mon corps. Comme les mots devaient être refoulés, oubliés, ils se déplaçaient douloureusement le long de ma colonne vertébrale, puis ils alourdissaient mes trapèzes, écrasaient mes omoplates. Alors que je retrouvais de l'allant, que ma vie se reconstruisait, j'étais fourbue physiquement, mon corps formait un arc vers le sol.

J'étais allée voir une ostéopathe, qui m'avait dit ceci :

— Vous donnez l'impression de porter le poids du monde sur vos épaules.

Je lui répondis, que je charriais plutôt le poids de la culpabilité.

Cette vieille amie perfide, héritée de ma culture judéo-chrétienne.

J'étais souvent persuadée que le vrai problème, résidait dans ma relation avec Noé. C'était à cause d'elle, que tout devenait insupportable, trouble, assassin, et que le comportement de mon entreprise s'était dévoilé dans toute sa perfidie.

Mais une autre part de moi, se savait fautive.

Prise dans cette contradiction interne, je renonçai temporairement à écrire.

Complainte de la machine à café

Bientôt, la rumeur enfla.

Quelqu'un l'avait dit à Joanne qui l'avait lâché à Karine, qui en avait parlé à Virginie, qui l'avait rapporté à Marie, qui l'avait évoqué avec un attaché de presse, qui l'avait soufflé à un directeur de la rédaction d'un magazine concurrent. Il y avait dans cette passation, une forme d'excitation extrême. Je pouvais voir les mines outrées, quoique légèrement réjouies de mes collègues. Ce désir d'avoir l'information, de connaître les coulisses, d'y ajouter des détails, des allusions, ne faisait-il pas, au fond, partie de notre métier ?

Bientôt, à côté du contenu de *FÉMININ* s'était tenue une gazette secrète : un journal oral qui s'écrivait tous les jours, à 14 heures et à 16 heures, à la machine à café. Parfois, quand l'urgence se faisait, on s'y retrouvait également dans les heures plus pâles du matin.

On avait vu hier, un indice probant sur Instagram.

On m'avait croisée avec Noé.

On avait croisé unetelle qui connaissait bien Noé et était certaine que.

On m'avait aperçue avec lui et au Ritz, ou à l'hôtel Ibis de Pantin. On avait dîné le même jour au Louvre et à Roissy.

Les informations de seconde main, se mêlaient aux véritables faits, mais qu'importe, il fallait se repaître goulûment de chaque détail apporté, de chaque possibilité, pour mieux s'insurger de concert.

Quelle histoire ! Quelle horreur ! On déplorait la vraie victime de tout cela : la femme de Noé.

L'échauffourée avait commencé ainsi : par la langueur de quelques bruits de couloir.

Rien de bien méchant, seulement quelques nouvelles fraîches qui sortaient les esprits de l'ennui. Et puis, trois semaines après, voilà que j'étais au centre de toutes les conversations mondaines. La rumeur de notre liaison avait épaissi, grossi, elle avait recouvert le milieu, d'une nappe de pétrole fluide, dense, qui irriguait tous les fantasmes les plus exubérants.

Sam était-elle à l'origine des ragots ?

Elle ne pouvait pas savoir avec assurance ce qui se tramait entre moi et Noé, mais notre attirance était clairement visible. Aussi, elle avait avancé avec

Complainte de la machine à café

stratégie. Cette histoire d'amour pouvait lui servir. Elle pouvait expliquer pourquoi Noé ne l'avait pas choisie comme adjointe, et lui avait préféré Laura du pôle cosmétique.

Sam se doutait qu'en s'attaquant à un type aussi renommé que Noé, elle perdrait la confiance de ses pairs là où flinguer une subalterne s'avérait plus aisé. En désirant travestir la vérité pour la tordre à son avantage, elle prit ce qu'il y avait de plus évident et à portée de main : le sexisme, et l'image de la femme vénale. Ce fut presque ridicule tant la mèche brula rapidement. Bientôt, dans tous les dîners et cocktails du milieu médiatique, tout le monde connaissait notre idylle, et Sam pouvait ajouter, d'un air malin :

— Je ne l'avais pas vue venir, cette jeune activiste ! On peut être féministe et dézinguer les femmes visiblement... En tout cas, désormais, à cause d'elle, Noé et moi sommes fâchés. C'est tellement dommage, nous aurions pu si bien collaborer.

De toute façon, poursuivait-elle, j'avais toujours cherché à détrôner mes collègues, à gagner plus qu'elles. J'avais toujours voulu le fric, le poste des autres, rien ne m'arrêtait. Dans son discours, j'étais transfigurée en guerrière assoiffée de pouvoir.

Ainsi je devins la femme à abattre, la pute de mon métier. Le danger incarné.

La promotion canapé.

Au départ, je ne m'en inquiétais pas.

L'écart entre qui j'étais et ces rumeurs était si grand, que je comptais sur le bon sens des uns et des autres, pour que l'incendie s'éteigne de lui-même.

Je partais du principe que les gens sauraient jauger mon identité, ce que j'avais bâti, et balayer de la main ces pauvres interprétations.

J'avais réussi à obtenir un entretien dans une revue, grâce à une de mes connaissances. J'y voyais la possibilité de quitter *FÉMININ* et d'assainir la situation.

Un jour de mai, je rencontrai un PDG du nom de Jean-Pierre Sakal. Ce sexagénaire en forme était à la tête d'un empire voisin du nôtre, qui contenait plusieurs magazines féminins. Il employait donc majoritairement des femmes. Mais attention, aimait-il préciser, des « femmes de tête ». Car lui, Jean-Pierre, il préférait « les femmes de caractère ». Tels furent ses premiers mots, alors que je glissais dans son immense bureau.

Je dus concéder que cet homme avait du goût : le lieu, surplombant une grande avenue d'un quartier d'affaires, avait une touche moderniste mais organique, à laquelle je ne fus pas insensible. Jean-Pierre Sakal avait une mince bedaine, moulée dans un cachemire, ses cheveux encore bruns mais aux reflets argentés, étaient rabattus en arrière.

Complainte de la machine à café

Il avait respecté les règles basiques de politesse, et s'était employé à me montrer une forme d'écoute plutôt enviable.

« Moi j'aime les femmes qui entreprennent », était le second refrain que Jean-Pierre Sakal avait beaucoup répété, tout au long de l'entretien.

Il ne cessait de citer son épouse comme source d'inspiration – cette femme au visage rond et inquiet, trônait en photo un peu partout sur son bureau. Sur l'un des clichés, particulièrement imposant, elle apparaissait dans un champ avec un chapeau de paille et un collier floral, drapée dans une robe en dentelle virginale, et entourée de quatre enfants blonds.

— Vous voyez, me répétait-il en pointant le cliché. Ma femme a monté sa marque de produits cosmétiques mais travaille à mi-temps. Elle est ambitieuse, et en même temps, elle sait rester attentionnée, une excellente maman. Elle est pour moi l'image de la femme d'aujourd'hui, qui excelle sur tous les fronts.

Il affichait un sourire carnassier, d'un blanc que je n'avais jamais connu alors, et la qualité de son émail me fila une migraine pas croyable.

Je commençai à suer abondamment.

J'avais été dûment entraînée par quelques connaissances, qui connaissaient Sakal de réputation.

— Surtout, m'avaient-elles dit, n'aie pas l'air trop féministe, et cache tes tatouages.

Je m'y étais appliquée religieusement, et je devais ressembler à une première communiante, avec mon chandail bleu marine, et des mocassins empruntés à une copine. Mais je ne parvins pas à le berner. Il avait réussi à apercevoir la flamme tracée sur la peau de mon avant-bras, et les cheveux rasés sur la moitié de mon crâne, couverts partiellement de mèches blondes, ainsi que les dizaines de trous qui grimpaient sur mes lobes.

Ce type de détails me classait irrémédiablement, selon ses critères, dans la catégorie « cas social ».

Notre conversation était chaque fois fermée par ses phrases.

Ainsi, si je disais :

— Je pense que je peux vraiment amener quelque chose de moderne dans ce journal ! dans un enthousiasme un peu feint, il répondait sur un ton monocorde :

— Oui la modernité, c'est bien, enfin, je me méfie aussi du ton un peu branchouille ridicule qu'emploient certaines rédactrices, vous savez, moi j'imagine une féminité qui s'inscrit dans le temps.

En disant cela, il ne m'humiliait pas directement, mais il me classait dans un bassin de jeunes journalistes de pacotille. Malgré mes trente-cinq ans bien tassés, Jean-Pierre Sakal, aimait me rappeler mon inconséquence, face à la force de son expérience.

Complainte de la machine à café

Il perpétuait un stéréotype. Un homme qui avait distribué quelques tracts trotskistes dans sa jeunesse et se voyait en héros humaniste. Tout en continuant à être à la tête de journaux de gauche, Jean-Pierre Sakal avait présidé aux comités des plus grandes entreprises françaises, et était clairement plus intéressé par le profit que par la diffusion d'idées nouvelles. Il regardait toute nouveauté avec terreur par peur qu'on lui ôte son trône de grand révolutionnaire, et qu'on lui pique ses privilèges.

Des types comme lui, dans les médias, j'en avais croisé à la pelle.

Et comme les autres, il me prit immédiatement en grippe : je n'incarnais pas la féminité bon teint ni le féminisme bourgeois qu'il défendait, je n'étais pas sage et complaisante envers le sexe masculin. Je symbolisais le danger : une femme pas assez bien pliée, épilée, coiffée, une femme qui allait lui créer des soucis, avec sa « modernité » qu'il jugeait trop radicale.

Sakal n'avait même pas jeté un œil à mon CV. Il me traitait comme une petite sangsue mal fagotée.

Toutefois il était piégé, car je lui avais été chaudement recommandée, et puis il se rendait bien compte qu'il fallait continuer à donner une coloration contemporaine à son journal et attirer un nouveau lectorat – c'était même ce qui avait fait, jusque-là, la marque de fabrique de son journal.

Aussi, et un peu à contrecœur, Jean-Pierre Sakal se montra agréable jusqu'à la fin de l'entretien.
Nous échangeâmes quelques mails.
Mais jamais il ne m'embaucha.

##

Je déplorais, de plus en plus, l'attitude de Noé.
Il ne manifestait pas de décisions drastiques. Il traînait à prendre un appartement. Il semblait tout à fait inconscient du tort que notre relation pouvait me causer, et cela même quand les ragots commencèrent à devenir conséquents.

Il m'avait attribué un poste de rédactrice en chef d'un hors-série, qui m'offrait une sécurité provisoire – si j'avais le CV amplement suffisant pour remplir cette fonction, le climat de suspicion à mon encontre, faisait que cette décision n'améliorait pas mon cas.

Bientôt la rumeur déborda, à tel point que ma réputation fut progressivement entachée, et que l'on ne me contactait plus jamais pour me proposer un entretien.

Mon nom avait revêtu l'habit du dégoût, et des mauvaises mœurs. On ne regardait pas en arrière, ma carrière, on déshabillait qui j'étais de loin. Une jeune femme trentenaire, trop jolie pour être intelligente, célibataire, libre sexuellement, ambitieuse – le pire profil, qui soit.

Complainte de la machine à café

Un profil douteux, instable.

À bien y regarder, il y avait quelque chose en moi, de peu fiable. On posait sur moi, une pellicule de saleté, comme on gribouille un joli portrait : on me dépouillait de mon identité, on ne voyait bientôt plus que ma nudité, sans doute m'imaginait-on en train de sucer Noé, sous son bureau ?

Je ne savais pas, jusqu'où allait l'imagination des personnes qui aimaient colporter les mots qui tuent.

Quoi qu'il en soit j'étais coincée, je ne voyais plus de possibilités de m'échapper de *FÉMININ*, de cette étiquette faussée.

Il était trop tard.

##

La scène eut lieu un jour d'hiver.

La violence qui empestait *FÉMININ*, s'était infiltrée jusque dans les tuyaux noueux et les chairs du bâtiment. Il était midi. J'étais assise derrière mon large PC ébène, vétuste, noyée dans la torpeur. Les ragots m'assaillaient, de toute part. Je ne saisissais pas, à quel moment la réalité s'était barrée, à quel moment j'étais devenue cet avatar affreux, je m'interrogeais sur ma part de responsabilité.

J'attendais le pas de Sam comme on attend la potence.

Qu'est-ce qui, dans un espace aussi innocent qu'un bureau pouvait générer une telle peur ? Dans ce cadre un peu administratif j'aurais dû me sentir en sécurité, et pourtant, c'était justement ce calme trop calme, cette sérénité illusoire, qui me tétanisaient. Il résidait dans ces objets bureautiques, dans ces corps esseulés, isolés, crispés vers leurs ordinateurs, dans ce silence moribond, l'approche encore plus claire, d'une mort certaine.

Chaque bruit me faisait tressaillir. Quand soudain, je perçus ce fouissement saccadé et autoritaire qui échevelait la moquette de notre étage, et en quelques secondes, je fus empoignée par le bras. Un coup sec, rapide. Mon cœur frappait contre mon poitrail, à se rompre.

Puis, le décor chancela.

J'avais déjà vu ma supérieure hiérarchique, dans des états avoisinants. Mais là, c'était pire encore. Sam avait atteint le sommet de sa rage, elle balançait son corps malingre sur sa chaise, comme on jette une balancelle trop violemment dans les airs. Elle avait la mâchoire tendue, prête à jaillir, à mordre.

— Suis-moi ! avait-elle aboyé.

Joanne nous avait emboîté le pas. Les locaux étaient déserts, car la majorité de la rédaction assistait à une assemblée générale tenue par les syndicats, pour demander, encore et encore, à notre PDG d'améliorer les conditions de travail.

Complainte de la machine à café

Ce qui honnêtement, n'arriverait pas, avais-je eu le temps de penser dans la panique. Nous avions grimpé sur la terrasse du sixième étage, et c'est là, que Sam avait déversé sa haine.

Elle avait démarré par une enfilade d'interrogations rhétoriques.

— Alors, il paraît que tu as demandé à ton chéri d'être rédactrice en cheffe d'un hors-série maintenant ?

— C'est lui qui me l'a proposé et j'ai pensé…

— Tu fais les choses dans mon dos maintenant, tout le temps, c'est ça ? Rappelle-moi QUI T'A EMBAUCHÉE ??? MOI OU LUI ???

— Sam, s'il te plaît…

La digue céda.

— Mais pour QUI tu travailles au fait ? Pour QUI Frankie ?

— Je n'ai toujours pas de CDI et j'ai besoin d'une assise permanente. Ce poste c'est…

— Une assise permanente ? Mais qu'est-ce qu'il te faut de plus ? Tu as TOUT le journal. Tu as une chronique, des articles à la pelle… Et bientôt quoi ? Ma place ? Pour QUI TU TE PRENDS ? Frankie je t'ai aimée. Je t'ai soutenue, fait grandir dans le journal. Mais toi, tu n'es qu'une p… une sale opportuniste qui a fait ses petites affaires dans mon dos, je n'arrive pas à croire, que l'on puisse être aussi ingrate, que l'on puisse me poignarder. Petite…

À la fin du monologue, Sam rugissait.

Elle emplissait l'air de toute sa frustration, accumulée depuis des mois, des années même, et toutes les barrières avaient lâché. Elle était mue par la peine, la haine, tout cela déferlait. Elle se sentait trahie, elle se sentait écrasée par Noé, elle se sentait dans une phase d'extrême insécurité. Cette angoisse l'avait métamorphosée, infusant dans tout son être, annihilant ses filtres. Elle se laissait aller à une crainte primale, qui produisait une logorrhée, de plus en plus colérique.

Une fois qu'elle eut déversé un flot ininterrompu de phrases pointues, rugueuses, qui résonnaient contre le sol bétonné, elle avait tourné les talons.

Joanne s'était approchée de moi, pour me finir, en glissant :

— Tu peux être contente de toute la merde que tu as mise ici Frankie. Et moi qui t'appréciais. Tu t'es toujours crue au-dessus de nous, eh bien voilà ce que l'on mérite, quand on manque d'humilité.

Un incident interne fit empirer l'affaire.

Je devais faire l'interview d'un musicien que nous photographiions dans un studio. Pourtant, quand j'arrivai sur l'espace dédié à la prise de vue, Karine était déjà présente. Elle m'assura qu'elle s'occupait finalement de l'entrevue. Je lui rétorquai

Complainte de la machine à café

que j'étais certaine de devoir écrire cet article. Nous devions le placer dans le hors-série, à la tête duquel je venais d'être nommée. Karine eut un sourire narquois à l'évocation de mon nouveau titre. Elle insistait : c'était son pré carré, c'était destiné à ses pages culture dans *FÉMININ*, point barre.

Je regagnai la rédaction à pied, car les deux lieux étaient situés à peu de distance l'un de l'autre, et par hasard, je croisai Noé, qui sortait de l'entreprise pour se rendre à un rendez-vous important. Je l'informai de cette mauvaise compréhension. J'étais un peu emportée car le ton de Karine, avait été sec, malveillant. Mais je compris mon erreur. Car si je me confiais à l'amant, je voyais devant moi le patron réagir avec fureur – pour lui, on avait outrepassé ses ordres, et on m'avait manqué de respect.

Il allait sans doute, vouloir régler l'affaire à sa façon.

Un malaise s'insinuait de plus en plus dans notre relation, à cause de détails du quotidien : si nous étions un couple, je ne devais pas oublier qu'il était aussi mon supérieur hiérarchique et qu'il y avait des enjeux chez *FÉMININ* qu'il fallait ménager.

Je le suppliai de ne pas s'en mêler.

Il s'agissait sans aucun doute d'une incompréhension, Karine devait ne pas avoir bien vu son mail, et il n'y avait là aucune insubordination. Je savais que Karine voyait en moi l'alliée du patronat

Féminin

— Karine était une fille de gauche, tirant vers l'extrême, mais doublée de quelqu'un d'ambitieux, je ne pouvais pas lui en vouloir de chercher à me dégommer. Tant de mensonges m'avaient auréolée ces derniers temps, je me serais haïe moi-même en entendant l'enchevêtrement de fantasmes qui tournaient sur mon compte. À en croire les derniers commérages, je manœuvrais désormais en sous terrain, pour devenir adjointe et faire virer Laura. On me prêtait des idées, qui ne m'auraient jamais effleurée.

Noé détestait que son honneur, ou sa parole, soient malmenés. Il s'engouffra dans sa berline sans prononcer un mot sur ses desseins. Pour la première fois, je sentais à quel point je dépendais de ses prises de position. Je détestais ce sentiment d'être un objet, un dé, qu'il pouvait faire rouler à sa guise, car il avait tous les droits.

Quand je rejoignis la rédaction, j'avais la gorge serrée. Je regardais mon téléphone, avec angoisse, lui envoyant des dizaines de SMS, pour sauver Karine.

S'il te plaît, Noé, calme-toi.

##

Karine arriva.

Karine n'était pas le type de fille à s'énerver frontalement, mais elle faisait bien pire : elle était stoïque. Elle avait visiblement déjà prévenu toute

Complainte de la machine à café

la machine à café de ce qui s'était passé, car Joanne avait quitté son siège ainsi que quelques autres pour se diriger vers elle, et je percevais au loin le filet de leurs voix, la tonalité grave de celle de Karine tandis qu'elle égrenait tranquillement, avec hauteur, les faits. Quand je me levai, elles regardèrent toutes dans ma direction.

Est-ce à ce moment précis, que je sus que la guerre était déclarée ? À cette fraction de seconde, où je croisai le regard de Karine, placide, sombre, qui avait plaqué son avis définitif sur moi ?

J'étais bien la pute du patron.

Connaissant Karine, je me doute qu'elle n'avait pas employé ce terme qui sonnait trop antiféministe, mais elle avait bien fait comprendre, que ce que Sam avait avancé depuis des semaines était vérifié.

J'étais la petite voix, qui chantait à l'oreille de Noé, pour toutes les faire tomber les unes après les autres.

Je ne sus pas vraiment ce qui s'était passé, entre Karine et Noé. Je n'obtins de lui que des phrases décousues, colériques. De ce que j'en avais saisi, il était arrivé sur le shooting, en hurlant, il avait interrompu les poses du mannequin, le travail du photographe, des stylistes, et il avait humilié Karine publiquement.

Comment avait-elle osé, lui montrer aussi peu de respect, et ne pas obéir à ses ordres ? Comment pouvait-elle traiter de la sorte une journaliste aussi brillante, géniale que moi ? Karine aurait nombre de choses à apprendre d'une plume de mon envergure, avait-il clamé, et elle devrait avoir honte, de ne pas me montrer plus de considération.

Chaque mot relaté par Noé, m'asphyxiait – le pire s'était donc produit, et je ne pouvais m'en prendre qu'à moi-même. Ce fut une première leçon.

Je commençais à toucher du doigt ce qui se déroulait, mais sans vraiment en comprendre les aboutissants.

J'avais plongé avec Noé, de l'autre côté de la rive. Du mauvais côté, celui du pouvoir tyrannique, et sur cette berge-là, les accoudoirs étaient noueux, glissants.

J'étais non seulement dans le clan des vilains, mais je n'avais aucun pouvoir de décision. Je ne pouvais qu'essayer de me rattacher à une corde insaisissable, qui me maintenait en contrebas, dans les eaux mouvantes.

##

Le trajet à pied jusqu'à *FÉMININ* devint pesant. Beaucoup de désillusions s'étaient accumulées.

Il y avait plusieurs histoires en une, chez *FÉMININ*. Il y avait le décor ambiant : des équipes amochées, au cœur las, dont la révolte était sans cesse

Complainte de la machine à café

écrasée. Et puis il y avait la mienne, d'histoire, qui s'inscrivait au milieu de ce paysage en déliquescence – je ne sais dans quelle mesure elle s'imbriquait parfaitement dans la débâcle générale, si elle en était la conclusion, la résultante – sans doute que le cercle de la violence finit par grossir et embarquer tout le monde dans son giron.

C'était le glissement dans le mensonge, qui abîmait mon quotidien.

Chez *FÉMININ* le mensonge se terrait partout. Il commençait par le bonjour las, hypocrite, que mes collègues me lâchaient par dépit. Puis il se perpétuait sur ce que l'on disait, et croyait de moi, sans que personne ne vînt jamais me parler. Il y avait aussi ces mensonges, qui s'égrenaient, à travers nos articles à la solde du capital. Même dans le fait de travailler chez *FÉMININ* se logeait une mauvaise vérité.

J'en venais à penser que j'avais atterri ici, à force de petits arrangements avec mes principes. Ce qui m'arrivait au fond, était prévisible. Ce n'était que ma punition pour avoir trop longtemps négocié avec mes idéaux, pour ne pas m'être suffisamment rebellée contre un système.

Je n'avais rien à faire dans cet endroit, et voilà que je payais mon imposture, mes petites lâchetés.

Est-ce qu'à force de compromis, on finit par tomber, dans notre propre cauchemar ?

Est-ce que l'on devient tout ce que l'on a exécré ?

##

Les rédactions étaient désormais réduites à des luttes de pouvoir.

Chez *FÉMININ* des anecdotes me glaçaient.

On avait volé des papiers qui m'appartenaient, pour prouver que j'avais été augmentée. On avait déversé une pile de disques et de livres sur mon clavier, pour manifester qu'on ne voulait pas me voir ici. La bataille avait commencé et elle avait pris l'allure de petites batailles de Post-it, de territoires d'imprimantes, de sièges en plastique confisqués.

Le climat s'envenimait.

Tout n'était qu'impasses, pièges à contourner, insultes tacites à oublier. Il fallait affaiblir les autres pour s'assurer en permanence de sa viabilité, naviguer avec clairvoyance comme sur un échiquier, préserver son poste avec force mais stratégie.

L'autre était devenue non pas une collègue mais une ennemie.

Dans chaque service, les guerres organiques rongeaient le bel idéal de collectif. Ces batailles intestines avaient toujours existé, mais s'étaient accélérées avec la crise économique.

Complainte de la machine à café

Le *Titanic* coulait, et il n'y avait pas de place pour tout le monde dans les canots de sauvetage.

On s'enfonçait dans la faille saillante du premier bouc émissaire venu.

J'avais le profil idéal.

On s'attaquait à moi, car on ne pouvait pas atteindre l'homme au-dessus. On s'en prenait à moi, car on avait besoin d'un ennemi à portée de main, pour décharger son angoisse. J'étais la plaie visible, le statut fragile, sur lequel tirer.

On réclamait une coupable, un nom.

Le mien clignotait.

##

Quelques semaines plus tard, Sam quitta FÉMININ.

Elle avait trouvé un autre poste ailleurs. Elle gagna dans la foulée, un procès pour harcèlement moral : elle arguait que Noé lui avait envoyé des centaines de mails déplacés. Ce dernier ne semblait pas s'en inquiéter, il n'y voyait qu'un avantage : elle n'était plus là.

— La folle est partie, bon débarras.

Sam avait définitivement empoisonné les relations avec mes collègues, et je savais que mon calvaire était loin d'être fini. Si je ne pouvais plus partir, je ne pouvais que rester dans de mauvaises conditions. Et c'est ainsi que dans ma déroute, mon amant devint central : ma seule possibilité de travailler, mon seul symbole de stabilité.

Noé, désormais, tenait mon avenir entre ses mains. En tout cas, c'est ce qu'il me laissait penser. Ma vision s'était peu à peu rétrécie, je ne voyais aucune échappatoire.

Je déprimais.

Pierre me sermonnait : je devais me reprendre. Ce n'était qu'un seul homme, ce n'était qu'un job. Je ne pouvais me laisser aller de la sorte. Pierre était l'un des seuls amis qui ne m'avaient pas délaissée. Il me connaissait depuis l'adolescence et savait que j'avais péché par amour, il ne pouvait me voir transfigurée en maîtresse honteuse ou en collègue antiféministe – ce qui se disait un peu partout désormais.

Tara avait ligué la majorité de nos amis contre moi – ce n'était pas vraiment méchant, simplement Tara était celle qui m'avait introduite chez *FÉMININ* et elle craignait que sa propre réputation soit ternie. Un groupe de femmes s'étaient alliées pour me blâmer, et de fait, je basculais du côté des hommes et pire encore : du patron, et ses principes lui interdisaient de prendre mon parti officiellement. Tara croyait en la version de Sam car Tara désirait croire en la majorité féminine. Dans le même temps, elle ne voulait pas trop froisser Noé non plus, car il détenait un pouvoir croissant. Il

Complainte de la machine à café

valait mieux rester neutre, et virer le mauvais élément. Elle avait organisé des vacances avec notre groupe, auxquelles je n'étais plus la bienvenue. Comme je n'étais plus conviée aux fêtes, aux dîners.

J'entendais la porte de l'entrée claquer avec prudence, un soir sur deux – c'était Pierre, qui tentait de me dissimuler ses départs. Il rejoignait nos anciens proches, dans une vie que j'avais également eue, une vie avant Noé, avant *FÉMININ*, où l'on dansait entre gens pétris d'idéaux progressistes, un univers rassurant dans lequel on savait être du « bon côté ».

Je restais seule dans la zone condamnée, celle des pestiférées, des judas, des sexistes. J'avais vrillé, disait-on, lors de ces soirées. Et puis, j'avais changé. Pour qui est-ce que je me prenais désormais, avec mes posts Instagram à travers le monde ? Et mes chroniques féministes ? Je me prenais pour Simone de Beauvoir ou quoi ?

— Simone de Beauvoir en Chanel, avait plaisanté Émeade, qui avait toujours eu le sens de l'àpropos.

On avait le droit d'être un agent du néolibéralisme, et de cirer gentiment les pompes du patriarcat, mais de façon discrète et cynique, tout en gardant une dignité socialiste, des valeurs morales en surface, et tout cela, je l'avais bafoué.

Je n'avais pas fait les choses « comme il faut ».

Quelles étaient les frontières du bien et du mal, du honni et de l'acceptable, dans un monde aussi contrarié, il était parfois difficile de savoir, mais ce qui était certain, c'est que j'avais commis la pire erreur qui soit.

Bizarrement, dans ce contexte d'abandon total, je me mis à retrouver Noé, et à l'aimer encore plus fort.

Il jouait de cette nouvelle situation. Il aimait descendre Tara, qu'il n'avait croisée qu'une seule fois, il se plaisait à caricaturer mes amis comme des petits-bourgeois jaloux, des malfaisants déguisés, il imitait Sam à merveille, et réussissait à me remonter le moral.

Je ne voyais plus que lui.

##

Je me désagrégeais derrière mon silence.

Je refusais de parler.

Je pensais alors que réfuter ces rumeurs, c'était quelque part, affirmer une connivence, afficher ma culpabilité. J'avais décidé de ne pas riposter – je me terrais dans une discrétion courroucée.

J'avais toujours imaginé qu'il fallait laisser glisser les racontars, ne pas prendre la peine de se faire entendre, sur des détails aussi grossiers.

— Ne t'abaisse pas à répondre, me disait souvent ma mère.

Complainte de la machine à café

Je n'avais pas encore saisi que se taire, c'était perdre face aux interprétations des autres.

Le terme « promotion canapé » vint tout dévaster dans mon existence.

Il fut un ouragan linguistique, au beau milieu de ma trentaine. Je devins une mauvaise affiche de film avec Grace de Capitani. Une soubrette de films de série Z, en porte-jarretelles, qui attirait un patron fébrile, et usait de ses charmes, pour obtenir un privilège.

Une fois que ces termes furent posés sur moi, je ne pouvais plus rien faire. Ils ensevelirent puis grignotèrent mon identité. Les milliers de mots modernes, qui avaient bâti mon émancipation, les milliers d'heures sacrifiées à mon travail en dix ans, avaient été remplacés, par une iconographie cheap et du parfum bon marché.

On ne s'intéressait pas à moi, ma complexité. On préférait un récit simple, dans lequel j'étais autre. Dans cette fable sexiste, il était inconcevable que je couche avec Noé par amour ou sentiment d'égalité – je devais être fragile, manipulatrice, je devais avoir besoin d'un homme pour réussir, c'était nécessaire à la plus grande histoire, qui se répète depuis la préhistoire, celle dans laquelle toutes les femmes sont des êtres incapables, qui ont besoin des mâles pour s'élever.

Tout le monde s'était unilatéralement accordé sur le fait que j'utilisais le patron.

Féminin

Personne n'envisagea un instant que c'était plutôt lui, qui se servait.
Ce consensus, ce blocus, était impossible à contrer.
La médiocrité sémantique, notai-je, trop tardivement était un effort collectif.
C'était un effort politique, pour nous faire tomber.

**
* *

Des années après, je continuais à me battre avec le vocabulaire.

Mon appel avait été fixé au 7 janvier. Je voyais les conclusions assommantes composées par mon avocate. Cinquante pages de termes rébarbatifs, de phrases accumulées, ampoulées, pour convaincre que j'avais été spoliée – cette bataille de syntaxe pour raconter une simple vérité, me paraissait invraisemblable.

Je comprenais que le vrai combat pour les femmes, résidait dans la réappropriation des mots.

Même pour énoncer un fait, il fallait soupeser chaque syllabe.

Voilà pourquoi, j'étais effrayée ces derniers mois : je craignais de ne pas utiliser les bons termes, de ne pas injecter assez de clarté dans mes phrases, de paraître coupable.

Tout était pesé, précis, soucieux.

Je savais désormais qu'il suffisait d'une inattention, d'une virgule en trop, et je pouvais basculer dans une autre version de moi-même, toujours plus insultante, infâme.

Les termes échevelés qui avaient forgé ma liberté, devenaient des formules étriquées, peureuses.

Ces mots qui avaient été mes amants.

Devenaient mes ennemis.

Ils m'échappaient. Sans doute parce qu'ils m'avaient été volés. Qu'ils avaient glissé, tout au long de mon histoire chez *FÉMININ*, d'un registre à un autre et que j'avais du mal à les saisir, les faire miens.

Que voulais-je raconter de cette relation avec Noé ?

Au fond, j'aurais souhaité qu'il s'agisse d'un amour tourmenté, parce que la sonorité était plus littéraire, qu'elle me seyait mieux. La notion d'abus me faisait invariablement échouer sur des termes plus cliniques, barbares, que la féministe que j'étais ne connaissait que trop, et qu'elle désirait éviter.

L'abus, c'était laid à conter.

Ce n'était pas que vil dans les faits, c'était une tannée linguistique à surmonter. Voilà ce qui nous tuait, je crois : devoir colporter la bassesse du récit patriarcal. Comme si c'était à nous, de devoir composer avec ces scénarios usés, dont nous avions malgré nous écopé.

Quand je voyais les réactionnaires s'attaquer aux féministes, à la laideur de leurs discours, j'étais effarée. Nous ne faisions que relayer leurs piètres parades. On nous les avait refilées, ces sales histoires, comme de mauvaises MST, nous laissant le soin de les décortiquer, les analyser, trouver des solutions, tandis que nous en subissions encore le traumatisme.

Si cela n'avait tenu qu'à moi, j'aurais préféré parler de poésie.

J'aurais aimé parler d'amour.

Je reprenais l'écriture, même si cela était une souffrance. Je le faisais pour moi, pour cette fille amaigrie que j'avais croisée au tribunal.

J'utilisais ces mots avec lesquels il faut apprendre à vivre, mal.

Harcèlement. Abus.

Je m'y astreignais avec l'espoir de pouvoir ensuite, parler d'autre chose. Se taire, c'était laisser les mots des prédateurs gagner – je refusais de m'effacer, derrière l'infamie terne, de leur champ lexical.

Des mots en solde

Noé se cachait derrière sa casquette de grand intellectuel. Pourtant, de plus en plus, je le voyais frayer avec le milieu de la mode. Il avait repris les fonctions de Sam avec délectation. Il avait à cœur de représenter le pouvoir du journal, d'être l'unique partie visible de notre rédaction à l'extérieur. Petit à petit, Noé décidait de rogner l'espace alloué aux reportages pour placer des six, huit pages, dédiées à l'apologie des grandes maisons de couture. Ses envolées lyriques sur le sujet me mettaient souvent mal à l'aise.

Il ne le faisait pas par plaisir, m'expliquait-il : il y était contraint.

L'industrie incarnait un levier important pour les rédactions. La fonction de leurs dirigeants aujourd'hui consistait uniquement à veiller à la survie financière du journal, plus qu'à la qualité du contenu. Même les plus grands titres nationaux, devaient caresser les grands patrons.

Féminin

— On tapine tous et toutes, c'est comme ça. Je suis une pute de luxe, rien d'autre, disait-il pour plaisanter, mais je sentais qu'il prenait ce rôle très au sérieux. Pour lui se faire bien voir par les puissants, c'était aussi, s'assurer la possibilité de rebondir professionnellement.

C'était important de savoir « se positionner », ajoutait-il. Il voyait plus de génie dans ce jeu politique, que dans le journalisme un peu gentillet et détaché du pouvoir, engagé, que je m'escrimais à signer. Pour lui, je ne jouais pas dans la cour des grands.

Il disparaissait dans les bras du clinquant. Il m'appelait de plus en plus du dehors – il était allé à telle présentation, à tel cocktail, tel déjeuner. Il ne passait plus aux bouclages. Ces mondanités le galvanisaient. Il s'enfuyait de FÉMININ.

Je m'en amusais :

— J'ai l'impression que tu te prends au jeu, non ?

Il rigolait.

— Mais non.

Pourtant, tout indiquait qu'il se laissait charmer par cet univers où on lui susurrait qu'il était quelqu'un, qu'il était important – sa place au premier rang des défilés, était devenue sa raison d'être.

Son passeport, pour continuer à exister au firmament.

Il ne me disait plus : *Je t'aime.*
Mais me l'avait-il déjà dit ? Il m'avait dit : *Ma chérie, tu es la lumière de ma vie*, mais il n'avait jamais prononcé ces mots simples, primaires.
Je t'aime.
Comment pouvait-on contourner une telle évidence ? Cela avait débuté par cette prise de conscience. Cela s'était prolongé par la répétition de phases inoccupées, absentes. Des ritournelles qui devenaient grotesques. Quand je continuais à lui demander où en était le divorce il répondait :
— Ça prend du temps.
Le temps s'allongeait, et je l'interrogeais sans cesse, je ne pouvais plus attendre. Je tenais à ce qu'il me montre le papier du divorce, j'avais commencé à chercher un appartement. J'avais pensé à une chambre pour son fils Jason, j'avais mis des alertes sur SeLoger pour des trois-pièces, je lui demandais de combien était son budget, il me taquinait.
— Tu vas vite en besogne.
Quand je saisissais parfois, que j'étais peut-être tombée par inadvertance dans le mensonge, et que je vivais un adultère – cette histoire vaudevillesque maintes fois répétée, dûment rejouée à l'envi par des hommes et des femmes, soutenue en fanfare par le système patriarcal, j'avais envie de hurler. C'était inenvisageable : moi qui revendiquais la

modernité extrême, le féminisme chevillé au corps, comment avais-je pu être flouée ?

Je m'accrochais à lui parce qu'il m'était impossible de me faire à l'idée que j'avais été bernée. Notre histoire m'avait demandé tant de sacrifices, de dissimulations, il avait mis tous mes principes sur l'échafaud.

J'avais besoin d'une promesse solide. Une action. J'envoyais des messages de plus en plus menaçants. À ses sarcasmes, s'ajoutaient désormais un agacement, une forme de mépris qui pointait dans sa voix, ses écrits :

— Arrête de me mettre la pression.

Je ne pouvais pas comprendre ce qu'il vivait. Je n'avais jamais été directrice de la rédaction. C'était un emploi vampirisant, m'expliquait-il sèchement, titanesque, qui lui demandait beaucoup – il passait ses journées à tenir entre ses mains la vie d'un journal, à déjeuner avec des personnalités de pouvoir, pour maintenir *FÉMININ* sous coma artificiel.

Je ne pouvais pas, moi aussi, m'y mettre, donner des ordres, générer de l'anxiété.

Non.

Et puis, je n'avais jamais été mariée, ni mère de famille, je ne réalisais pas que l'on ne divorçait pas comme ça, du jour au lendemain, il n'y avait que les petites sottes dans mon genre pour croire que l'on se défaisait d'années de vie commune, d'un enfant conçu dans l'amour, en un claquement de doigts.

Dans son discours pointait de plus en plus un déséquilibre, la vérité tanguait à présent que je lui formulais des reproches : il était l'homme important, ses problèmes étaient proéminents. Alors que je me rebellais, j'étais progressivement reléguée au second plan, comme une plante qui fane lentement à côté d'un joli parterre d'hortensias, une mauvaise herbe sur laquelle on pouvait essuyer son ego, tremper son sexe impatient, avant de disparaître dans des paradis plus beaux.

Je maigrissais, je fumais, je pleurais.

Je buvais.

Notre union continuait à s'esquisser au gré de ses mots, mais notre futur, semblait de plus en plus indéfini.

Il s'embourbait dans la temporalité du mensonge.

Même si Noé ne me promettait plus rien, il voulait s'assurer que je reste en sa possession.

Il renversait la temporalité et le sens des événements. Il était grand homme, mais savait se placer en victime pour se dédouaner de ses actions. Il me traitait comme une journaliste de pouvoir et brillante, puis comme une gamine insolente. Il plaçait le compliment et l'humiliation sur le même plan – il ne s'agissait que de deux touches à actionner de façon connexe, pour déverser un épais brouillard sur ma raison.

Il déjouait, chahutait le rythme de mes journées. Quand il venait de raccrocher, il me rappelait frénétiquement juste après, comme pour mieux se repaître de son pouvoir, pour s'assurer que je lui répondrais sans arrêt, que j'étais là pour lui.

L'espace même, physique, où avait lieu notre amour, était instable, mouvant, et ne participait pas à la marche normale du monde. Noé continuait à venir me chercher en taxi, malgré mes protestations. Je ne voulais plus que nous soyons vus ensemble, je refusais sans cesse ce privilège, tous les soirs avant de le quitter, c'était devenu un rite : je lui faisais promettre de me laisser prendre le métro, mais tous les matins, il faisait fi de son engagement, et m'attendait devant chez moi.

Je n'avais plus le choix. L'avais-je déjà eu ?

Nos taxis n'avaient plus de destination – ils voguaient dans un monde indéfini, ils inscrivaient notre amour dans un voyage éphémère, friable, qui ne s'ancrait dans aucun lieu précis. Ces voitures de mes frasques sentimentales, de son amour ardent, m'avaient menée au milieu du néant.

Je n'avais plus d'amis, sauf lui, plus de collègues ni alliés à part quelques résistants, mais qui ne saisissaient pas bien ce que je vivais.

##

L'emprise s'avérait l'état le plus impossible à décrire.

Tant il s'inscrivait dans une irréalité.

Tant il croissait dans un sas science-fictionnel, dans une construction mentale propre à l'instant.

L'emprise sortait des frontières du monde pour devenir un espace-temps flottant – il était un ailleurs, façonné par le prédateur pour sa proie.

Celle-ci ne se doutait de rien, car aux prémices, elle était l'héroïne de ce royaume fictif, qu'il avait construit pour elle.

Elle ne voyait pas, aveuglée par l'amour et la confiance, qu'il écrivait chaque jour le script de leur histoire, et que ce récit l'éloignait de plus en plus du réel, la déconnectait chaque jour de qui elle était, de ses proches, de sa vie.

A posteriori, je me figurais l'emprise sous la forme d'une bulle dans laquelle s'enfermaient deux individus : l'un finissait par faire exploser ce corps visqueux, et écraser celui de l'autre, resté trop longtemps à l'intérieur. J'étais celle qui avait été emprisonnée puis broyée, dans cette forme ronde qui avait été douce, joyeuse, pimpante, pour mieux devenir un mouroir carré, de plus en plus exigu, un petit cercueil.

Parfois, je percevais aussi l'emprise, sous la forme de ce ranch que nous avions tant imaginé avec Noé. J'adorais ce refuge, dans les premiers temps, la chaleur que nous y avions insufflée, même si très vite le bois pourrissait sous l'humidité, l'intérieur devenait froid. Je ne pouvais déjà plus m'en échapper, gelée, agonisante, mais bercée par l'illusion de sa protection.

Je restais aveuglée par la belle cabane que nous avions dessinée, sans voir que le décor s'effondrait, et que j'y étais enfermée à clé. Le lieu devenait aussi violent, que familier.

C'était chez moi, et je ne pouvais le délaisser, quitte à en crever.

— Franchement, m'avait-il dit, lors d'un esclandre particulièrement brutal, qui me dit que tu ne m'as pas baisé pour avoir une promotion ?

Nous étions dans le 5e, près de la rue Saint-Jacques, non loin de la Sorbonne, dans un café touristique un peu sordide, nous avions passé une heure à nous disputer dans ce Paris un peu vieilli, un peu bourgeois, dans lequel Noé aimait m'entraîner désormais – je le suivais sur son territoire, sur les traces de sa jeunesse instruite. Contrairement à moi, il avait fait de hautes études, et il aimait me le rappeler.

— C'est peut-être vrai, ce que l'on dit. Tu es sans doute beaucoup moins innocente qu'il n'y paraît, si ça se trouve, tu es avec moi pour tes propres intérêts.

J'avais explosé.

Mais en rentrant, voilà que je doutais. Je ne me souvenais plus de nos débuts, tout était flou à présent, Noé utilisait ma fatigue nerveuse, la déroute de mes valeurs, pour m'acheminer encore plus loin dans l'ébranlement de mes convictions. Dans la zone qu'il avait bâtie, il n'y avait plus de lois, plus de réalité, sauf la sienne, et tout était permis. Voilà que c'était moi, désormais, qui avais tout imaginé de notre amour fulgurant.

N'avais-je pas su qu'il était marié ?

Il niait : il n'avait jamais parlé de divorce, je l'avais rêvé.

Je devenais encombrante.

Deux jours plus tard, il m'annonça que la direction de *FÉMININ* me refusait le CDI que je demandais depuis des mois. Il avait soupiré, en regardant tristement par la vitre, singeant l'affliction profonde.

— La nouvelle dirigeante des ressources humaines, Mme Villadoré, quel nom quand on dirige des emplois précaires, hein ? s'était-il amusé.

Bref Mme Villadoré était au courant de notre liaison, et depuis, elle ne voulait plus entendre parler de moi.

Il valait mieux que je fasse profil bas.

Quant à l'espoir d'un contrat ? Sûrement pas.

Féminin

Par chance, Noé m'avait défendue – grâce à lui, je resterais chez *FÉMININ*, je pouvais le remercier ! Dieu sait comme je n'étais pas en odeur de sainteté. Mais au moins, grâce à lui, répétait-il, je sauvegardais mon poste. Quand j'osais protester d'une voix blanche, il devenait impatient, voire violent.

— Écoute, tu me fatigues maintenant.

J'étais la cause des migraines de Noé, de ses multiples problèmes, même l'entreprise voulait se débarrasser de moi, ce n'était pas étonnant, heureusement qu'il était là pour me soutenir, sauver ma peau.

N'était-ce pas moi, qui l'avais dragué en premier ?

##
Le monde me traitait de pute.

Et c'est ce que je devins.

Je devins la pute du patron (avec tout le respect que je leur dois, aux putes) car au fond, je n'avais plus personne à qui m'accrocher à part lui.

Même s'il me faisait souffrir, Noé revenait tous les jours vers moi, me couvait de sa passion, s'excusant pour ses débordements.

Je n'avais pas vraiment d'autre choix que de rester avec lui. Bien sûr, c'était plus pernicieux que cela, car en surface j'étais libre. Mais tout le système qu'il avait lentement déployé faisait que si je

Des mots en solde

le quittais, ou me refusais à lui, je risquais de tout perdre.

Je me sentais esclave.

À la passion, succéda une forme d'obligation contractuelle, tacite.

Et c'est ainsi que derrière le rideau écran de l'amour, se révéla ce que cette histoire était réellement : un asservissement.

J'écrivais jusqu'à l'épuisement pour prouver ma valeur. J'avais toujours été une travailleuse acharnée, je m'étais toujours battue pour mes postes, mes réalisations, mais cette fois, je devais prouver qui j'étais, prouver mes capacités, pour effacer les rumeurs.

Le challenge était perdu d'avance.

Le hors-série qu'il m'avait confié était un piège. Je devais l'imposer à une équipe déjà exsangue qui refusait d'y collaborer. Avec l'aide d'Arnaud, j'arrivai toutefois à bâtir des exemplaires, qui furent salués. Noé s'en servait in fine, pour asseoir sa notoriété. Je faisais le job dans l'ombre avec une équipe récalcitrante, je bataillais pendant des mois, et lui venait simplement ajouter son édito, en ouverture de numéro, comme un chien pisse sur un mur inconnu pour se l'approprier.

Lorsque je demandais, si je pouvais parfois écrire cette page à sa place, il entrait dans une rage démesurée.

— Pour qui tu te prends ! C'est moi le chef ! Tu n'as aucune responsabilité !

Féminin

Puis il se calmait, me présentait ses excuses. Me proposait une nouvelle mission, une nouvelle fonction creuse. J'acceptais pour prouver que je pouvais travailler, mieux, toujours, encore, que je valais mes positions.

Pourtant j'exécrais chaque privilège que Noé m'offrait, comme je détestais chaque nouvel article commandé par lui, car ils avaient le goût de la bite, du stupre. Dans chaque ligne que j'écrivais, se logeait encore un peu plus ma déchéance, l'effacement de mon identité. Aucune de mes productions acharnées, ne pouvait pallier la dégradation de l'estime de moi.

Ce sentiment d'échec.

Noé avait réussi, à s'attribuer mon talent.

Les autres percevaient dans mon histoire avec Noé, un privilège.

J'y voyais ma propre mort.

##

Ma relation avec Noé dégénéra vraiment un printemps, alors que je partais pour le Festival de Cannes. Il m'avait attribué une autre fonction en plus des autres ; celle de rédactrice en chef d'une application qui couvrirait l'actualité sur place.

Je tentai de me réjouir d'être sur la Croisette, même si au fond, une petite chanson m'accompagnait partout désormais.

Des mots en solde

Tu es la pute du patron.

Je logeais dans le même appartement que deux journalistes pigistes pour *FÉMININ*, spécialement dépêchés pour l'événement. Le vaste salon de ce refuge nous servait également de bureau. Ces deux figures déjantées me plurent d'emblée, et nous formâmes bientôt une équipée joyeuse, à laquelle se joignirent d'autres pigistes, plus âgés, qui m'impressionnèrent par leur vivacité d'esprit.

Je me sentais bien dans cette franche camaraderie, pour la première fois, hors de Paris, je commençais à oublier ce dégoût lancinant qui avait recouvert ma vie.

J'œuvrais de jour, comme de nuit, la fatigue me rendait un peu corrosive, trop vive, paumée, j'errais sur la Croisette, dans ce bain de foule pressée, dans ce décor de théâtre survolté, incapable de m'extirper de sa folie, de sa déroute et en même temps, heureuse d'avoir une trêve.

Noé m'appela.

Il s'était arrangé pour venir, pour me faire la surprise. Nous nous étions disputés, réconciliés, disputés à nouveau, pour des raisons inconnues, il m'était impossible de me séparer de lui. Je ressentais la même chose avec *FÉMININ* : cette incapacité à fuir, à me reconstruire ailleurs.

Une pensée obsessionnelle m'obligeait à rester. Je ne prenais pas conscience, que je retombais dans les schémas irraisonnés de la maltraitance.

Féminin

Une image réapparaissait de plus en plus, de façon fugitive. C'était tout à fait ironique, vu les insultes dont on m'abreuvait, mais je me souvenais justement d'un canapé.

J'avais attendu les appels téléphoniques de mon père, pendant des années, sur un sofa gris-bleu élimé. Ils n'étaient jamais venus. Je me souvenais soudain, de ma silhouette de petite fille, attendant des heures des appels, des signes d'affection, je pouvais rester une journée entière sans bouger, ce meuble était devenu un espace mental – une trappe, dans laquelle je risquais de disparaître. Le traumatisme de l'abandon, m'avait expliqué un psy, provoquait en moi une forme de tétanie – une paralysie du corps.

Et voilà que ce sentiment diffus, débarquait à nouveau dans ma vie. Je me trouvais encore sur ce canapé à attendre une issue favorable, les excuses de tous ceux qui me répudiaient.

J'attendais réparation.

J'étais dans la salle d'attente de l'amour.

##

À Cannes, le ciel se confondait avec le tissu effrayant du sofa de mon enfance, un bleu qui se voulait calme, rassurant, mais qui planquait mal la folie contenue derrière.

Des mots en solde

J'enfonçais mon corps dans sa fibre adipeuse, je me mêlais à la marée humaine de la Croisette avec le secret désir de me faire avaler une bonne fois pour toutes d'échanger mon corps avec un autre, même un corps local trop cramé par les UV, avec ses pantalons blancs translucides, ses bichons agressifs qui fendaient la promenade des Anglais – je prenais.

Tout me paraissait plus attrayant que ce que je ressentais.

Je ne voulais plus que Noé me renvoie à ma position de servante sexuelle, je cherchais à me révolter.

Dans le même temps, j'avais envie de le voir, avec fracas, rien ne comptait plus que de me faire aimer de lui, des autres, j'étais meurtrie, ma fêlure s'exprimait à ma place, je désirais être aimée plus fort, encore, que Noé ait quitté sa femme, pour que cette prison autour, soit démolie.

Et puis, tout d'un coup, alors que je passais devant le Palais des festivals, je repris espoir.

Et si Noé était venu pour m'annoncer qu'il avait enfin réglé la situation ?

Je dévalai bientôt le boulevard, avec une force nouvelle, un espoir sulfureux, mes pensées s'empêtraient dans une joie fébrile, tandis que je frappais à la porte de sa chambre, le numéro 56 de l'hôtel Martinez.

Féminin

Je cherchais dans son regard, sa confirmation. Je l'entendais presque me dire mon amour, ça y est, nous allons être heureux, tout cela n'était qu'un cauchemar, et je m'empressais de me loger contre sa peau, pour sentir la confiance retrouvée, notre complicité.
La vérité de l'amour j'en étais certaine, vaincrait.
Il riait, il était beau.
Lui m'aimait, c'était le seul, l'unique, à pouvoir me supporter.
Moi le cloporte, la grande gigue que l'on raillait à l'école, la pute à qui l'on faisait des croche-pieds au lycée, moi la féministe revêche et sauvage que l'on appréciait peu. Je retrouvais un peu toutes ces filles rejetées quand j'étais au creux de ses bras.
Il avait raison – j'étais insupportable.
Je restais agrippée à mon canapé mental.

##
Après l'amour, il resta longtemps taiseux, nous partîmes marcher, j'étais effrayée de briser ce silence, pour apprendre que rien n'avait changé.
Que j'avais été son plan cul cannois.
Je ne voulais pas entendre cette vérité, cela m'était physiquement impossible, et nous continuâmes la route, sans parler, je levais les yeux vers le ciel comme pour y trouver une porte vers un autre monde, je sentais ma petitesse, dans cet espace, j'étais une fourmi, j'observais les immeubles de la

Des mots en solde

Côte d'Azur, d'un blanc trop blanc, et ils me semblèrent immenses, des gratte-ciel new-yorkais, qui s'écrasaient sur mes flancs.

Rien ne pourrait jamais laver la souillure, que m'a laissé ce court instant d'incertitude.

Non, me disais-je, il n'a pas pu faire cela, il n'a pas pu venir me baiser, juste par nécessité.

Il devait forcément m'annoncer quelque chose.

Sa séparation.

La trouvaille d'un appartement.

Pour éviter la confrontation, je me plongeais dans les souvenirs que m'évoquaient les bâtiments que nous croisions. J'étais allée de nombreuses fois à Cannes par le passé en tant que réalisatrice de documentaires. Je me remémorai une péripétie : j'étais partie à la dernière minute, pour un programme télé, il y avait de cela quatre ans. L'équipe de production m'avait dépêché un cadreur un peu nouveau, ce dernier n'osait pas se faufiler dans l'action, et l'artiste que nous devions suivre nous échappait chaque fois, couvert par son attachée de presse implacable. J'avais fini par louer une caméra et je m'étais postée dans un coin où je pourrais le coincer. Ma hardiesse avait amusé celui-ci, et il s'était prêté au jeu – nous avions passé la journée ensemble, et j'avais rapporté un sujet largement salué par ma supérieure de l'époque.

J'avais toujours été comme ça : rien ne m'arrêtait, je n'avais pas peur, j'étais frondeuse.

Tandis que je marchais, observant dans les vitres des boutiques, le reflet de mon corps encore jeune, je prenais conscience que Noé lui aussi, avait réussi à effacer, la puissance de mon histoire.

Il n'y avait pas eu que *FÉMININ*, ou les rumeurs – il avait fini par m'enfermer dans un rôle abject.

Le plus terrible était de ressentir à quel point son mensonge, nous replaçait dans des territoires genrés, d'une banalité affligeante. Je me voyais emprisonnée dans un jeu, qui abîmait toute l'envergure, la nuance, de ma personnalité. Il me ramenait à l'émotion infantile, à la blessure adolescente, à la fragilité féminine dessinée par le patriarcat : tout ce que j'avais fui, combattu, il faisait émerger le pire, et gommait des années de construction au-delà des diktats.

Avais-je participé, à ma mue, ma régression ?

Est-ce que les plaies ouvertes du passé, avaient été trop mal suturées ? Est-ce que l'on m'avait tellement amochée autrefois, que je laissais les autres s'emparer de moi, me désosser avec facilité ?

Je devais être complice dans le processus.

Je regardais son profil fin, cassant, une architecture moderniste.

J'avais usé de mon travail pour m'ériger, mon travail avait été tout pour moi : la possibilité d'être une femme plus forte, complexe, les mots avaient composé mon personnage, mon combat. Mais

Des mots en solde

voilà que j'avais offert mes phrases à Noé, je lui avais refilé mes textes, je lui avais tout donné.

Avais-je baissé les bras ?

Ce jour-là nous étions dans un mauvais film en compétition : le ciel était trop pur, les éléments trop dessinés, trop exacts, trop tranchants, par leur perfection. Le décor était soudain désert, un gouffre de vide à quelques mètres seulement du brouhaha festif de la Croisette, et me vint à l'esprit que peut-être, si je décelais un trou dans ce trompe-l'œil, une fissure, je pourrais regagner ma vie, mon identité et ma force passée.

Où était cette issue ?

Allais-je la trouver ?

##

Alors que j'avais passé des journées palpitantes et drolatiques avec mes anciens collègues, une fois que Noé arriva, je devins son assistante, je me devais de l'accompagner, de figurer avec lui partout, et ce changement de rôle leur déplut.

Personne ne connaissait mon ressenti, personne ne se figurait que j'étais enfermée dans cette situation, car Noé avait fait en sorte de normaliser notre relation publiquement.

En affichant nos ébats aux yeux de tous, il signifiait que j'étais tout à fait consentante et heureuse dans ce rôle de maîtresse, qu'il n'y avait pas de malaise, aucune domination de sa part.

Comment ensuite me laisser parler d'abus de pouvoir, si j'apparaissais à ses côtés, amoureuse et choyée ?

Je fus soulagée de son départ, même si en retrouvant mes comparses, je sentais que notre complicité s'était étiolée. Je les avais lâchés pour parader avec un dirigeant – j'affichais un mépris de classe, j'avais choisi mon camp.

L'application que j'avais pensée, avait bien fonctionné – la directrice du web le salua. L'éditrice quant à elle, fit comme si je n'existais pas – elle envoya un long mail de félicitations sur le succès de ce nouveau dispositif, sans mentionner mon nom.

Noé n'avait pas menti sur un point : les dirigeants avaient eu vent de notre liaison. Ils avaient décidé de régler la situation en le soutenant et en me traitant comme le problème un peu gênant, à dégager sous peu. Ils s'enorgueillissaient de ce que je produisais mais ils niaient le fait que j'en étais l'autrice.

On se servait de mon travail pour draguer les grands groupes, des industries. On piochait dans ma valeur pour sauver le journal, mais mon identité n'existait pas.

FÉMININ et Noé s'étaient associés, pour effacer qui j'étais.

Cette éditrice ne me salua jamais, pas une seule fois.

Le lendemain, j'eus envie d'exister à nouveau.
Les autres journalistes avaient quitté notre colocation, pour la séance de cinéma matinale.
J'appelai Noé.
— On va où, en vacances en juillet ?
Je signifiais que cet été, nous serions officiellement ensemble. Ce n'était pas une demande, mais une obligation de respecter notre pacte. Maintenant, cela en était fini : si sa parole, ne se concrétisait pas, s'il continuait à faire de moi ce que je refusais d'être, ma colère sortirait enfin, elle reprendrait possession du terrain désolé, qu'il avait fait de mon existence.
— Cet été, je pars en vacances avec ma femme, elle ne va vraiment pas bien, c'est compliqué… Et mon fils aussi est très malheureux de tout cela, tu ne peux pas me demander de les faire autant souffrir : je ne suis pas comme ça, ce n'est pas moi.
— Je ne t'ai jamais rien demandé, c'est toi, qui me l'as promis. « Tu ne seras jamais ma maîtresse », tu te souviens ?
— Oui mais j'ai peut-être changé d'avis. OK ? J'ai changé d'avis, quand j'ai vu qui tu étais vraiment… Une fille impatiente, irraisonnée… hystérique. Tu me fais peur, tu sais. Je demande juste un peu de temps.
Je calculai que nous étions ensemble depuis un an et dix mois. Presque deux ans. J'en avais trente-cinq, bientôt trente-six, il avait laissé glisser ma

jeunesse entre ses doigts. Trente-cinq ans, c'est l'âge des grandes décisions, des amours solides, ou au contraire, de la confirmation que l'on désire vivre seule, pour explorer le monde, s'émanciper des lois.

Pourtant j'en étais là, éteinte, à voir la teinte triste de mon passé, se raviver. Je repensai à la Californie, à ce voyage que j'avais fait il y avait seulement quelques mois, où j'avais voulu être une fille qui s'ébat sur les routes, et tout cela me paraissait si lointain, si irréel.

Cette fille sauvage, libre, où était-elle ?

Pourquoi est-ce que je m'enfonçais dans la terre, dans des marécages névrotiques, pourquoi est-ce que mon corps même, s'éclipsait ?

Cette vue de moi diminuée dans le miroir, me mit en colère, enfin, la colère débula, mon cœur, esquissa une porte de sortie salvatrice.

Je perçois encore, la vue du grand trois-pièces un peu bling, que nous occupions : les grandes baies vitrées mourant dans les toitures d'autres immeubles immaculés, et au loin, très loin, le soleil qui créait des reflets dorés sur la Méditerranée. Je vois encore les rideaux de grand-mère du Sud, d'un jaune ciron un peu amer, le mauvais goût des tableaux maritimes, les bibelots, et cette rage, furieuse, qui s'empara de moi, qui ensevelissait le sol carrelé blanc sous ses teintes brûlantes, je me levai enfin dans ce décor de porcelaine où l'on

m'avait fait poupée, pour retrouver à travers la colère rouge sang, toute la force de qui j'étais.
— Tu es un monstre, Noé.
Je hurlais.
En bas, un vieux couple chargeait des chaises longues fleuries dans leur voiture sans permis, sur un parking bondé. Je désirais jeter le mensonge de Noé par-dessus la rambarde, le voir s'écraser une bonne fois pour toutes sur les carlingues des voitures en contrebas, en faire une sculpture de César, voir sa chair se dissoudre dans le bazar.

Ce n'était pas encore fini : l'emprise allait continuer à abîmer d'autres semaines de ma vie, mais la flamme s'était rallumée, celle qui façonnait ma révolution future.

Mais aussi, ma chute.

Car au fond, je savais que Noé avait raison ; si on ne plie pas devant les lois sexistes qui gouvernent notre système solaire, c'est nous qui finissons par en être expatriés.

* *
*

Je partis à Barcelone pour reprendre l'écriture.

Mon compagnon avait proposé que nous prenions un peu l'air. Il voyait à quel point je commençais à dérailler : je butais sans cesse devant mon ordinateur, cela irradiait de façon malsaine l'ensemble de mes journées.

Je devais trouver une voie de sortie.

J'errais dans la ville catalane, qui me semblait labyrinthique, remplie à ras bord d'étudiants Erasmus et de vingtenaires anglais low cost je zonais dans l'odeur d'urine et de bière éventée, arpentant son centre surchargé, sans but précis. Je cherchais une issue dans ses rues pavées et étroites, qui paraissaient se refermer sur moi.

Comment m'extirper de ce satané livre ?

Devais-je tout arrêter ?

Mes journées, de plus en plus démentes, oscillaient entre le désir vif de voir jaillir ce récit et dans le même temps, celui-ci devenait tellement pesant que je voulais l'enterrer.

Il me plombait – littéralement.
Il était noir, envahissant, comme l'humeur de gueule de bois des Ramblas.

##
Si je choisissais d'exfiltrer ma liaison avec Noé du registre amoureux, les ennuis commençaient. Je ne m'attaquais plus à la passion, cette sainte histoire, que la France adulait.
Je parlais d'un abus – et cet abus, soudain dérangeait.
C'était à moi de le définir, de le tracer, car notre société semblait avoir du mal à poser des mots justes sur le sujet.
Le harcèlement embarrassait.
Après le #metoo, le vieux monde avait repris le pouvoir en caricaturant les féministes, en les accusant d'exagérer. La révolte fatiguait : on voulait dîner tranquillement sans entendre ce bourdonnement incessant de plaintes, comme si en plus d'être victimes, les femmes étaient coupables de vouloir s'insurger.
Si vous commenciez à aller sur ce terrain, très vite, on soupirait : vous aussi, vous vous mettiez au victimisme ? N'était-ce pas tout simplement, une liaison qui avait mal tourné ? N'étiez-vous pas complice, contente d'avoir cet avantage de votre patron à un moment donné ?
On n'avait pas besoin de prononcer ces petites sentences : je me les figurais en scrutant les regards

gênés, les phrases confuses, les moues embarrassées, lorsque j'évoquais la question.

Mais pouvais-je leur en vouloir tout à fait ?

Mon récit demandait une nuance, une précision, que je peinais à retrouver, encore empêtrée dans des émotions opposées. Cela était impossible à conter, car cela n'aurait jamais dû m'arriver.

##

La justice, elle aussi, était hagarde.

Je rentrai à Paris. On me recommanda une première avocate spécialisée en affaires au pénal. J'osai discrètement lui parler de ma situation par téléphone, mais l'expression bien trop familière qu'elle utilisa d'emblée, me fit raccrocher.

— Ah non vous ne pouvez pas plaider le harcèlement ! On va vous répondre que c'était de la promotion canapé !

J'étais choquée que cette vision si grossière, issue de contes populaires, s'immisce parmi les représentants de la loi. Je fus découragée.

Une activiste que je connaissais, me conseilla un nom d'avocate plus approprié. Cette dernière me reçut dans un environnement chiche, dépouillé, à quelques encablures de la porte des Lilas. Elle était spécialisée dans ce type de dossier et était liée à une association féministe. Son profil me rassurait et dans le même temps, je craignais d'autant plus le couperet. J'étais incertaine, mal à l'aise, je lui résumai ma situation en baissant la tête. Dans mon souvenir, elle marqua un temps avant de dire ceci :

— Madame Makazie, la promotion canapé n'a jamais existé aux yeux de la loi. Cela s'appelle être victime de harcèlement au travail.

Jamais des mots n'avaient été aussi salutaires.

Je recouvrais une part de dignité – on me confirmait, ce que j'avais toujours clamé : j'avais la loi de mon côté.

##
Mais à mesure que mes recherches avançaient, la situation se brouillait encore.

En France on considérait que les histoires d'amour en entreprise relevaient du consentement. Il fallait que la femme se refuse aux avances persistantes de son supérieur, pour que sa plainte pour harcèlement sexuel soit éventuellement prise en considération.

Si elle cédait en revanche, la suspicion régnait.

La « promotion canapé » semblait être un terme que l'on utilisait jusque dans les tribunaux, pour diaboliser des subalternes qui, en vérité, ne possédaient aucun pouvoir.

Ici, les croyances sexistes régnaient plus qu'ailleurs. Aux États-Unis, on virait le patron manu militari. Mais dans notre territoire latin, une fable subsistait – le patron était un homme romantique et lâche, tandis que les femmes étaient vénales, intéressées et lui extorquaient forcément quelque chose.

Les dirigeants masculins passaient leurs temps à afficher leur virilité, pourtant, quand cela les arrangeait, ils devenaient des types faibles et soudoyés par la puissance maléfique de leurs inférieures hiérarchiques. On préférait imaginer que des femmes souvent payées au lance-pierre, sous contrat précaire, étaient de terribles intrigantes, dangereuses, face à des hommes tout-puissants.

Dans notre cher pays, plutôt que de se demander au fond, si les employé·es avaient vraiment le choix, de dire « non » à celui ou celle qui tenait entre ses mains leur avenir économique, on estimait qu'il s'agissait d'un jeu de séduction banal, dans lequel les subalternes trouvaient un bénéfice.

Pire encore : on les tenait pour coupables, on les salissait.

##

Sans doute avais-je été privilégiée pendant un temps, par Noé.

Peut-être avait-il agi de façon discriminatoire envers mes collègues, en me montrant une préférence.

Mais qu'avais-je vraiment gagné ?

Des mots en solde

Étais-je vraiment triomphante, d'avoir excellé à un poste que je méritais dans d'autres circonstances, mais sous couvert de chantage sexuel ?

Avais-je vraiment été vernie, d'avoir été traitée de tous les noms, de voir ma carrière mise en péril, tandis que celui qui m'avait séduite, avait été protégé ?

Avais-je vraiment eu d'autre choix, au fond, que de céder à Noé, ce jour d'automne où il avait fait la démarche de me draguer ? En cas de refus de ma part, n'aurais-je pas été placardisée d'emblée, comme toutes ces femmes, qui avaient osé le défier au sein de FÉMININ ?

Les questions m'assaillaient.

Je ne désirais pas ôter ma responsabilité de l'histoire, mais je ne pouvais que constater qu'un pouvoir plus fort, qu'une mécanique bien huilée, m'avait bel et bien écrasée.

Quels que soient les apparents avantages que j'avais pu avoir, j'étais tombée à la fin.

Nous étions toutes tombées, car nous n'avions aucun pouvoir sur la situation.

Et c'est ainsi, que se dessinait en moi, le mot « abus », au fond, mon corps l'avait ressenti pendant toutes ces années – j'avais été abusée.

##

On s'amusait souvent de façon un peu frivole, de l'amour rencontré sur le lieu de travail – nous avions dû chez *FÉMININ*, écrire des papiers sexo un peu rigolards sur le sujet :

« Comment draguer mon collègue en 10 points »

Mais tant que les femmes n'étaient pas considérées de la même de façon que les hommes en entreprise, elles ne vivaient pas l'amour au travail en totale égalité. Elles payaient le prix, chaque fois, et surtout si elles occupaient des postes inférieurs ou fragiles. Leurs histoires finissaient mal, toujours, enrôlées dans les jugements sexistes, les décisions masculines, les inégalités structurelles.

En entreprise, l'homme était traité comme un individu supérieur : mieux payé, mieux soutenu, mieux perçu. En tombant amoureuse, la femme était invariablement victime de sexisme, car le terreau sur lequel cet amour naissait, s'avérerait profondément inégalitaire.

Simone de Beauvoir disait : « L'homme même amoureux reste toujours un sujet souverain. » En entreprise, le patron même amoureux restait, trop souvent, un sujet dangereux.

Cela étant, alors que je cherchais à en composer un texte je restais confuse, et incapable de l'écrire noir sur blanc.

Dans ce marasme mêlant croyances patriarcales grossières, et justice aléatoire, le doute continuait à s'immiscer en moi.

BOAT PEOPLE DE LUXE

J'étais perdue.
Je m'étais séparée de Noé, mais je restais mentalement sous son joug, si bien que je le cherchais partout.
Je ne voyais que lui chez *FÉMININ*, je l'attendais toute la journée, je ne faisais que cela : admirer son reflet dans nos vitres teintées, m'en repaître, même si je savais que je ne pouvais plus me laisser humilier de la sorte, je continuais à l'aimer.
J'avais beau me rappeler inlassablement tous les détails suspicieux, dérangeants, les mensonges, la douleur, je ne pouvais cesser de devenir folle à sa vue, de désirer le contact de sa peau, à nouveau, je rêvais de retrouver le Noé du début – je tenais à cette image avec ferveur. Je n'arrivais pas à la déloger de mon cerveau, à la remplacer par la réalité des choses, c'était impossible. J'étais obsédée. Ce que je ressentais au fond, n'était pas vraiment

tangible – c'était une force furieuse, brutale, qui poussait vers l'interdit, vers le mal, c'était un concert de névroses, qui battait son rythme furibond pour contourner l'abandon.

Il me sembla que lui aussi était malheureux. Il avait l'air abattu, il s'enfermait dans son bureau, empruntant une expression terrassée. J'avais le sentiment qu'il était fâché, qu'il m'en voulait de gâcher notre amour, et le plus insensé, est que je culpabilisais.

S'il ne m'offrait aucune place réelle dans sa vie, il ne voulait pas me voir partir, et moi, je n'arrivais pas à me passer de lui, incapable de retourner à un rôle de maîtresse, incapable de ne plus le voir.

J'étais dans une nouvelle prison mentale.

Aucun choix n'était enviable.

À l'amour meurtri, se mêlait de plus en plus le sentiment désagréable, d'avoir été flouée. Est-ce qu'il m'avait aimée ? était une question que j'évitais de me poser.

Je n'arrivais pas à croire, que tout n'ait été que subterfuge. Pourtant, lorsque je commençais à assembler mentalement ses actions, je ne voyais plus que des actes égoïstes, des manœuvres – s'il m'aimait, alors il m'aimait comme ceux qui ne savent pas ce que cela veut dire.

Je ne voyais pas d'autres explications : son amour n'avait jamais ressemblé au mien, car sinon, pourquoi m'aurait-il laissée défaillir, souffrir le martyre, pleurer pendant des mois ? Pourquoi m'aurait-il exposée, mise en danger ? Pourquoi m'aurait-il menti ? La souffrance me rendait parfois violente, agressive envers lui.

En guise de réponse, il me placardisa.

J'entendais d'autres voix de femmes à ses côtés, lorsque je parvenais à lui parler au téléphone. Je sentais qu'il cherchait une émulation nouvelle, il retrouvait une humeur badine, un nouveau souffle.

Je ne voulais pas savoir.

Je pouvais supporter la casquette de la fille romantique qui avait tout sacrifié pour un amant. Mais pas celle de la fille que l'on avait entubée joyeusement.

Je niais le voir flirter avec Joanne sous mes yeux, regarder les fesses d'Alix, je me cachais le tintement de son rire creux, ses parties de séduction, avec nombre de filles de la rédaction.

Il se rangeait désormais de leur côté, contre le mien.

Je fermais les yeux, quand le sentiment d'avilissement venait gratter à ma porte, me suppliant de me réveiller, je rejetais cette option, avec vigueur.

Non.

Des photos de notre soirée annuelle circulaient.

J'apparaissais avec Noé sur chacune d'entre elles. Nous rôdions l'un autour de l'autre, je le maintenais à distance avec difficulté, je crois qu'une part de lui était excitée par le challenge de me voir succomber à nouveau.

Sur les clichés j'étais ivre morte, je portais une tenue qui ne me ressemblait pas.

J'observais cette fille avec curiosité, je pouvais voir à quel point elle n'était pas elle-même. J'avais les yeux absents, le teint cireux, les traits du visage gonflés. J'avais toujours eu des problèmes avec l'alcool, mais ces derniers mois, j'avais définitivement plongé.

C'était terrible à dire, mais cette fille me faisait pitié.

Son entreprise et son amant lui extorquaient un amour inconditionnel, un travail acharné, ils lui demandaient une fidélité, tandis qu'ils étaient tous deux inconséquents et volages.

Notre rapport au travail, commençais-je à penser ce soir-là, s'apparentait souvent à un mauvais mariage – un contrat unilatéral, dans lequel un conjoint trimait plus que l'autre, se tapait la charge mentale, devait chérir sa moitié, mais n'obtenait pas grand-chose en retour, sinon une instabilité, un dédain.

Boat people de luxe

À cette fête, il y avait Agnès, la femme de Noé.

Je n'avais pas envie de la rencontrer. J'étais terrifiée à l'idée de l'avoir fait souffrir, je prenais la responsabilité des fautes de Noé sur mes épaules – c'était moi, et personne d'autre, qui l'avais trahie, qui avais saccagé le destin de cette inconnue.

J'avais déjà beaucoup trop bu, quand elle était arrivée vers moi ce soir-là.

Elle était absolument comme je l'imaginais : une fille normale, une fille bien, une fille qui toutefois, avait l'air épuisée. Je ne pouvais m'empêcher d'apercevoir les cercles bleutés sous ses yeux, une tristesse qui émanait de ses gestes, son regard, tout en elle semblait retenu, contrit.

Elle souffla gentiment qu'elle aimait bien ma chronique. Après ce compliment et mes remerciements polis, nous restâmes là, à nous regarder, sans rien dire car il n'y avait en vérité, pas grand-chose à échanger – tout était contenu dans les regards, dans l'empathie silencieuse et gênée.

Elle savait.

Je l'ai saisi dès les premières secondes de notre rencontre.

Il y avait une dimension absurde, brutale, dans le fait de se regarder et de savoir, de partager un secret que nous subissions. Il y avait dans ce silence, beaucoup de honte, de vulnérabilité, le constat d'une déroute commune.

Féminin

Me revenait en mémoire ce que m'avait dit Noé, une fois, sur Agnès : « Comme toi, son père l'a abandonnée. »

Tellement facile, n'est-ce pas, d'aller chercher les filles en manque, les filles mal aimées, de les prendre par le col de leur plus grande souffrance.

Je regardais ma propre fêlure dans les prunelles d'Agnès. Je ressentais une peine immense, pour ce qu'elle vivait. Dans le même temps, je ne savais rien d'elle.

L'aimait-elle encore ? Vivait-elle sous emprise, elle aussi ? Restait-elle pour Jason ?

J'avais envie de lui dire : quitte-le.

Pars.

Partons.

Mais quelqu'un est venu la déranger, pour une quelconque raison, et nos chemins se sont démêlés, comme des fils distordus, qui n'auraient jamais dû se croiser. Le court-circuit avait été trop coûteux.

Je suis simplement allée au bar, et j'ai bu, jusqu'à m'effondrer.

Noé nous avait réunies toutes les deux, et cela ne lui pesait même pas véritablement. Il s'en amusait. Il avait l'air guilleret, je scrutais sa silhouette lointaine, se faufiler entre les groupes de soutiens publicitaires, attachés de presse, venus fêter notre numéro de rentrée.

Il était à sa place, il était bien, tandis que toutes les deux, nous subissions une terrible humiliation.

Boat people de luxe

Ma colère ce soir-là, s'était ravivée. Je finis la nuit amochée par la vodka, je vomissais toute ma bile en rentrant chez moi et je crois que ce fut à partir de là, qu'il n'y eut plus l'éventualité, dans mon esprit, de faire machine arrière.

Je ne pouvais plus retourner avec Noé, plus jamais, je devais retrouver un peu de lucidité, ne serait-ce que par respect pour Agnès, je me répétais que je devais, agir, me ressaisir – m'obliger, à voir la vérité sur lui.

Je parvins à le fuir quelque temps grâce au travail, même si la dualité de mes journées, participait à ma confusion.

J'étais écartelée.

Le contenu de *FÉMININ*, devenait de plus en plus schizophrène.

Nos pages passaient désormais du plus grand événement mode, à la plus grande misère sociale.

Je filais d'un dîner mondain, à la couverture de camps de réfugiés, flottant dans une nouvelle forme d'irréalité.

Le titre incarnait nos tiraillements : nous aimions les secrets beauté pour revenir de temps en temps à une forme d'engagement, en nous intéressant au sort des femmes afghanes.

Puis revenir à du shopping cosmétique.

Féminin

Un effet balancier, saturé, frénétique.

Je cherchais à esquisser des parallèles, qui pourraient relier ces différents pôles du monde, mais je peinais à expliquer le déséquilibre ambiant.

Nous illustrions souvent les reportages sociétaux avec de jolies images. Si bien que nos enquêtes de fond, se confondaient avec nos pages mode ou art de vivre. Tandis que nos pages mode se piquaient de singer le social, en élaborant une anthropologie de carte postale, dénuée de tout sens politique.

FÉMININ n'était que le miroir d'une société dans laquelle tous les discours se mélangeaient.

— Il faut que l'actu ne soit pas trop dark, mais riante, sexy, avait pour habitude d'ordonner Noé.

À force de faire briller l'actualité, on la dépouillait de son sens premier.

Un jour, un grand article sur la percée du Front national au sein des jeunes générations, mené par une journaliste de talent, fit scandale. Le photographe avait shooté des filles enroulées lascivement, dans des habits bleu, blanc, rouge. Si l'enquête de fond, dénonçait l'émoi que suscitait Marion Maréchal-Le-Pen, les jolis visuels choisis, donnaient l'impression d'une campagne d'enrôlement pour le parti.

De rage, Noé avait viré la reporter – pourtant, elle n'avait fait que répondre à ses ordres, en produisant une actualité et des visuels qui n'effrayaient pas trop la lectrice.

Boat people de luxe

Dans ce monde de reflets, une réalité chassait l'autre, s'entrecroisant dans nos espaces mentaux, sans y laisser beaucoup d'empreintes.

Une faille se creusait, effaçant les sujets importants sur la photo.

##
Je partais à la frontière du Liban en novembre, afin de couvrir la crise syrienne.

Une mauvaise coïncidence de planning, voulait que je ne dusse y rester que cinq jours, puis aller directement couvrir les défilés de mode à Paris.

Ce mois-là d'hiver 2017, la première vérité que je pris en plein visage, fut la misère sans filtre : crue, implacable.

Les confins abandonnés du monde.

Là où sont relégués les bannis qui jamais, ne trouveront la rive. Des zones inhumaines, qui avaient éclos à force de précipice, entre l'humanité, et son but premier.

Je rencontrais des familles exilées dont plusieurs membres étaient des grands blessés de guerre. Je voyais leurs corps disloqués, leurs espoirs qui s'engluaient dans ce que l'on avait fait d'eux, mourant dans les limbes obscurs, d'un présent sans futur.

Certaines familles squattaient des immeubles éventrés, sans chauffage, et devaient envoyer leurs propres enfants faire la manche sur l'autoroute. Mais la plus grande majorité était rassemblée dans des camps, bâtis tant bien que mal, par des ONG.

Il était troublant pour moi, de découvrir le passé qui se cachait derrière ces silhouettes, de décoller leur existence de ce statut de réfugiés qui leur arrachait leur identité.

Réfugiés. Ce terme avait absorbé toute leur humanité.

Ils avaient été professeurs, ingénieurs, boulangers. Ils avaient eu des existences pleines et heureuses, avant d'être laissés pour compte.

Le cynisme de la situation voulait que leurs cahutes de fortune, mal chauffées, aient été bâties à partir de grands panneaux publicitaires donnés par les Saoudiens – et je pouvais observer, les campagnes de marques de mode sur des bâches qui leur servaient de logis.

La publicité, sans fin, jusque dans les ténèbres.

Une petite fille me chanta *Frère Jacques*, sous le toit d'un ancien conférencier amputé des deux jambes, il n'avait pu emporter avec lui, qu'un ouvrage de Heidegger, et il me demanda de bien vouloir adopter sa fille, la ramener avec moi à Paris. Elle avait mis du vernis pour l'occasion, je voyais qu'elle s'était employée à se faire belle – à se procurer des vêtements, pour faire bonne impression.

Plus tard, je penserais souvent à cette enfant, comme à une vie que je n'avais pas sauvée.

Boat people de luxe

Je désirais alerter la planète du sort qui leur était réservé, et je postais fiévreusement sur Instagram, mais ces images, trop sombres, trop terreuses, en décalage avec l'existence tapageuse de la plupart des personnes que je suivais, avaient peu de succès. Ces photos devenaient des vignettes, perdues, oubliées, dans une masse d'autres vignettes plus populaires, montrant une mannequin, un show de Givenchy, ou un boutique-hôtel aux Seychelles.

La mode faisait des millions de likes mais cette petite fille qui allait crever, ne récoltait que quelques pouces levés.

L'actualité devenait cela : des carrés à aimer, tout était placé sur le même plan, générant de nouvelles échelles de valeurs.

Ainsi on pouvait bien comprendre, que la pub du dernier shampoing L'Oréal, ait plus de succès qu'une adolescente mutilée. Une petite fille mourante, valait autant, voire bien moins qu'un selfie de Kim Kardashian ou qu'un compte rendu du Met Gala. Tandis qu'une révolution politique faisait moins de vues, qu'une star de télé-réalité en Lamborghini.

On pouvait constater avec mélancolie, les priorités qui étaient devenues les nôtres, et je ne pouvais que déplorer une humanité uniquement superficielle, que j'avais consenti à édifier.

Nous étions tous responsables.

Féminin

Le soir, je bus une bière avec le photographe, nous étions logés dans un couvent de bonnes sœurs à Tripoli, le bruit des balles tirées par les sympathisants du Hezbollah dans les airs, en pleine montagne, nous avait poursuivis toute la journée, et je me repaissais temporairement, de ce silence noir, perdu quelque part en bord de mer.

Les murs des bâtiments de Tripoli étaient encore grêlés de trous, comme une peau acnéique, marquant les stigmates critiques de la guerre.

Nos cœurs étaient trop lourds, pour que nous puissions parler.

##

Quand je montai dans l'avion, j'étais bouleversée.

Je ne savais pas encore que je porterais en moi, à jamais, ces images de personnes que j'avais rencontrées. Comme si j'étais restée piégée quelque part, avec eux, dans une temporalité indistincte.

Était-ce à cause de la petite fille et de ce vernis à ongles, qu'elle avait mis pour mon arrivée ?

Les bâches à l'effigie de la mode, qui recouvraient des corps à l'agonie ?

Je sentais que mon propre vernis allait craqueler.

J'atterris à Paris dans un état avancé de fébrilité.

Le lendemain, une Mercedes noire rutilante, attendait en bas de mon immeuble. *FÉMININ* avait décidé de garder la tête haute et de faire bonne figure à l'extérieur. Si son groupe de presse ne promettait aucune amélioration des conditions de ses employées, en revanche, il investissait massivement dans notre représentation. Moins il vendait, plus il enfilait de jolis habits.

L'image, était sa meilleure parade.

J'eus honte de glisser dans le véhicule affriolant, en faisant croire que je valais ce privilège. Le chauffeur Abel, se présenta comme étant à ma disposition – il pouvait, si je le voulais, faire des courses pour moi sur le chemin. Je sympathisai avec lui, je lui contai que mon grand-père avait été chauffeur de taxi. Il me confia le sel de ses courses habituelles – il servait principalement, des princes ou grands dirigeants. Nous étions en train de discuter avec verve, tandis que surgissaient de partout, des corps, des pancartes, à travers des nuages denses de fumée.

La grogne avait atteint le cœur de Paris, et Abel fut étonné que le boulevard soit fermé – nous étions en retard, et nous devions le traverser au plus vite, afin que je ne rate pas l'événement. Il ouvrit sa vitre pour héler un policier, avant que je n'aie le temps d'intervenir.

— Monsieur l'agent, fit Abel, nous devons passer de toute urgence !

— Monsieur, répondit le policier ahuri, c'est impossible, car il y a une manifestation sociale.

Féminin

— Je comprends bien, avait rétorqué Abel. Mais voyez, nous c'est très important. Nous avons un défilé de mode !

À ce moment précis, une jeune institutrice précaire, passait avec un panneau demandant une augmentation de salaire, et je pensai à ma mère.

Je me terrai derrière la vitre fumée, tandis qu'Abel s'énervait. Il voulait bien faire, c'était quelqu'un de dévoué à son job, il ne voulait pas que je sois en retard et il était prêt pour me faire accéder à un show luxueux coûtant des millions, à arrêter la grogne sociale française.

Je me ratatinais sur mon siège en cuir.

##

Nous arrivâmes dans un espace urbain froid, en marge du centre parisien. Je retrouvai les silhouettes habituelles, les créatures excentriques, les rédacteurs épuisés par leurs privilèges, des acheteurs venus d'une autre galaxie.

Il était inouï de voir autant de faste, à quelques mètres de la grève qui agitait Paris.

Le spectacle du bling semblait se poser sur la cartographie politique, ses acteurs écrasant avec dédain, de leurs grandes pompes brillantes et de leurs airs hautains, la réalité sociale.

L'assemblée était de plus en plus jeune, composée par les cibles privilégiées des gros groupes de luxe : les vingtenaires adeptes de street wear.

Boat people de luxe

Le défilé avait pris du retard, à cause de la manifestation dehors, et tout le monde était éprouvé. Les convives à mes côtés se plaignaient beaucoup, de manière générale, du rythme de la « Fashion week » et du jet-lag, ceux qui revenaient de New York, râlaient de devoir aller à Milan.

— C'est impensable quand même ! D'embêter tout le monde ainsi, avait dit une femme, en évoquant la route barrée, qui l'avait contrainte à faire un détour avec sa berline.

Pour elle, la pauvreté était un dérangement.

La majorité des autres invités se gardait bien de se prononcer sur le sujet, même si on sentait les esprits échaudés – être contre la justice sociale, était plutôt mal vu dans un univers qui prônait une certaine avant-garde. On votait à droite, mais on affichait les couleurs LGBTQIA+ et on parlait éthique pour se donner des allures progressistes.

Sur l'estrade face à la mienne, une jeune acheteuse chinoise portait une combinaison Secours populaire avec un sac Céline.

Un type lui, était grimé en agent d'entretien chic, avec un gilet gris et jaune fluo.

Rien de plus cool cette saison, qu'avoir l'air prolo, mais avec des fringues à trois zéros.

Le designer très en vue qui orchestrait le show à venir, s'inscrivait dans cette mouvance-là – il aimait injecter dans le luxe, des références sociales de surface, ignorant leur sens politique, mais appréciant leur qualité esthétique.

Il avait choisi de présenter sa collection, dans un certain dépouillement.

De grandes colonnes métalliques avaient été érigées, rappelant curieusement un raout fasciste. Un grand projecteur blanc avait également été hissé.

Dans les premières secondes, alors que le show démarrait, une musique magistrale s'imposa, forte, prétentieuse, puis des lettrages apparurent sur les murs, derrière la scène – les phrases citaient en vrac différents conflits politiques, différentes guerres, mêlant la situation en Afrique, en Irak, en Syrie. Dans cette mélasse de plus en plus alambiquée, les contextes géopolitiques devenaient des concepts pop, pastiches.

Quand soudain, se révélèrent des silhouettes fières, avançant d'un pas martial.

Vu la quantité de lumière qui inondait les silhouettes, je ne vis pas immédiatement ce que les mannequins arboraient. Et puis, se distinguèrent des pulls, des pantalons, des chaussures en forme de bouées, en textile de survie – leurs courbes picturales, apportaient une beauté gênante, à des accoutrements généralement portés par des exilés en mer.

Mon voisin me confirma ce que j'avais redouté : il s'agissait bien d'une collection d'inspiration réfugiés.

Boat people de luxe

Et voilà qu'un malaise m'envahit. Un malaise terrible.

Celui d'être assise là, à regarder des créations hors de prix, produites par des petites mains pour des nantis, s'inspirant de la misère sociale, alors que j'avais laissé mourir cette petite fille, quelque part au Liban.

Je ne pensais bientôt plus qu'à elle, aux fonctionnaires exploités dans la rue, aux réfugiés sous des bâches, mourant de froid, je peinais à respirer, tandis que des sweats avec de grosses bouées se jetaient sur moi, comme des missiles trop colorés.

Quelques autres journalistes, semblaient médusés. « C'est abuser », avait lâché l'un d'eux. Mais la censure plombait l'assemblée : personne n'avait le droit de dire du mal des créateurs car on ne savait jamais s'ils allaient devenir « gros » ou non la prochaine saison, et si leur maison, allait potentiellement investir dans nos pages.

Nous étions bâillonnés, comme toujours, et voilà que je me mis à applaudir, avec les autres, encourageant de quelques battements de mains, le cynisme du grand capital.

Je quittai le défilé, abasourdie, plus tard je traversai les Champs-Élysées à pied, et j'appelai Abel, pour lui dire de rentrer sans moi. Je me laissai emporter par la foule de manifestants, je cachai tant bien que mal mon sac Chanel – j'étais une imposture, dans leurs revendications, j'étais une imposture chez *FÉMININ*, qui étais-je vraiment ?

Paris commença à cracher des gouttes, sur les silhouettes fatiguées, elles roulèrent sur les dos brisés, les espoirs fondus, comme de grosses larmes. Je vis le ciel, lui aussi s'indigner et je ne sais pourquoi, mais je pressentis, qu'il allait s'abattre sur moi.

Je marchai, longtemps, je rentrai à pied chez moi.

J'écrivis un texte, trempé dans une colère froide.

Pour une fois, je fus sincère. Je dénonçais la déconnexion sociale profonde de ce milieu avec les enjeux cruciaux du monde, je descendais en flèche le jeune créateur, certes bien attentionné mais opportuniste, qui n'avait même pas pris la peine de reverser les fonds du défilé à des associations.

Le texte était succinct, et arrondissait certains angles, mais j'eus l'impression de commettre un acte de transgression profonde. Je l'envoyai à notre service web pour qu'il soit en ligne le lendemain matin, et m'endormis.

Il se trouva que par malchance, ce même soir, la community manager de *FÉMININ*, était en burn-out, et avait laissé sa place à un jeune stagiaire.

Boat people de luxe

Il fut amusé par mon texte, mais il en modifia le titre, pour faire plus de clics, et il paraissait in fine, que je faisais l'apologie de tout ce que je dénonçais.

« Migrants de luxe : quand la mode se lance dans la super tendance pauvre ! »

Au même moment, le jeune créateur en question fut annoncé sur tous les réseaux sociaux comme le nouveau directeur artistique de la plus grande maison de luxe de France.

Le scandale pour *FÉMININ* fut multiple.

La majorité des sites qui ne lurent pas le contenu de mon texte, se bornant à l'accroche, rapportèrent le fait qu'une journaliste de *FÉMININ*, valorisait l'exploitation de la misère humaine en tendance de mode, placardisant mon nom comme le symbole de la dérive conséquente de notre système.

En revanche la grande maison qui venait d'embaucher le jeune designer en vue, et qui avait consulté l'article dans son intégralité, raya *FÉMININ* de ses investissements publicitaires.

Lorsque je me levai le lendemain, à 9 heures, je pouvais mesurer, l'ampleur des dégâts faits par un simple billet d'humeur.

##

Beaucoup de trolls sur les réseaux sociaux étaient allés plus loin.

Maintenant que mon nom circulait, certaines plateformes de seconde zone cherchaient mon identité, on interrogeait mon passé, on faisait émerger les rumeurs de ma liaison avec Noé.

En plus d'être à la solde du grand capital, j'étais antiféministe. Une connasse de rédactrice superficielle mue par le pouvoir, qui osait confondre la situation mondiale avec un cabas siglé.

Une rédactrice de mode opportuniste.

Une femme intéressée.

Une promotion canapé.

La lie de l'humanité.

Des milliers d'informations diffuses sur mon compte, circulaient désormais, provenant majoritairement de sites de seconde main, qui n'étaient pas considérés comme très sérieux, mais qui toutefois, engendraient des millions de partages.

À ce feu d'artifice numérique qui pétillait dangereusement sur mon écran, s'ajoutait une bonne centaine de textos haineux de Noé, qui me convoquait immédiatement.

Je m'étais assise sur mon lit.

Voilà que ma peur la plus secrète, se matérialisait, moi l'anxieuse sociale : tout le monde me conspuait.

Étrangement ce rejet massif, presque monumental, me laissa de glace.

Le jugement des autres, n'avait plus vraiment de poids, car il n'était plus très concret.

Boat people de luxe

J'avais été toute ma vie, harcelée, insultée – si bien que ces mots, n'avaient plus grande réalité. Ils s'agrégeaient, ils formaient une masse grotesque, je les regardais s'envoler. On ne pouvait pas aller plus loin, dans ma mise à mort et quelque part, ce point culminant de l'opprobre, me soulagea.

Noé refusa de prendre ma défense. Il laissa la faute s'écraser sur moi, et m'écarta des réunions de crise.

La liberté d'expression lui convenait, seulement lorsqu'elle défendait ses intérêts.

Il mobilisa tout le monde, pour faire un numéro spécial sur le designer, et la maison qui l'embauchait. Je ne fus pas invitée à y contribuer.

Je protestais. Comment pouvions-nous défendre un tel cynisme ? Un tel creux discursif ? J'étais outrée, je lui racontai la Syrie, les manifestations qui embrasaient Paris. Il me réprimanda comme une enfant, son mépris était cinglant.

Je n'avais rien compris à notre métier : peu importe ce que je pensais, il fallait être politique.

POLITIQUE.

Et si je n'étais pas contente, je pouvais toujours dégager.

Pour qui je me prenais ?

À me croire toujours au-dessus de la mêlée.

**
*

Je retournai voir l'avocate féministe une seconde fois.

Quelques désillusions avaient balayé l'enthousiasme de notre premier entretien.

Le sujet du harcèlement restait tabou, disait-elle, et ardu à prouver. Nous pouvions attaquer Noé, oui, mais il fallait que je réunisse d'autres témoignages. Que j'accumule des preuves indiscutables.

Quelques jours plus tard, je rencontrai deux de mes anciennes collègues.

Je voulais enfin entendre leur versant de l'histoire, après des années à avoir été divisées. Au départ elles furent un peu méfiantes, elles continuaient à me voir comme l'ennemie, l'alliée de Noé. Mais quand je me livrai à elle, je vis leur défiance envers moi les quitter.

Une de ces femmes avait été placardisée par lui pendant des semaines.

Boat people de luxe

L'humiliation qu'elle avait subie, la tyrannie qu'il avait exercée sur elle, l'empêchait toujours, comme moi, de dormir la nuit.

Une autre me relata que Noé lui avait proposé de la rejoindre dans sa chambre d'hôtel, tandis qu'ils étaient en déplacement. Il avait envoyé des messages ambigus voire clairement connotés, à plusieurs autres rédactrices.

Je comprenais à travers leurs paroles, que Noé avait distillé une forme de droit de cuissage au sein de la rédaction. Il jaugeait les fesses des unes et des autres, si bien que les journalistes se sentaient mal à l'aise, évaluées pour leur physique, plus que pour leurs capacités.

Ce climat larvé avait agi comme un vernis noir, constant, qui avait peu à peu écorné leur estime d'elles-mêmes, les plongeant dans une longue dépréciation. S'était ajoutée à cela, sa volonté de leur enlever tout pouvoir, toute responsabilité, toute confiance. Il avait envoyé des mails violents, frénétiques, à grand nombre de ses employées. Sam, avait bel et bien souffert de harcèlement moral.

Il usait du flirt ou de la peur, quand cela l'arrangeait.

Je soulevais le tapis et soudain, je constatais que nous avions toutes été soumises aux lubies et à la démence du même homme.

Nous avions toutes été à la merci d'un contexte insoutenable, largement encouragé par notre entreprise.

Féminin

Je voyais dans les yeux de ces femmes, ce même éclat brisé que dans les miens, cette incapacité à oublier ce dégoût qui s'était instigué dans leur existence, leur façon de pratiquer leur métier. L'une d'entre elles, que j'avais toujours perçue comme une entité forte, inébranlable, avait les épaules rentrées, le dos voûté – je pouvais sentir son immense fragilité, jusque dans la raideur de son corps et sa façon de se tenir sur sa chaise.

Nos culpabilités, nos terreurs mêlées, avaient formé un nuage de condensation lourd, au-dessus de nos échanges.

Lorsque j'étais sortie de là, après quatre heures de discussion, j'avais pleuré seule, longtemps dans la rue. Parce que Noé ne laissait pas vraiment de traces, et que ce qu'il faisait ne semblait pas si terrible. C'était diffus, comme un poison qui s'étend peu à peu et sournoisement, qui s'inscrit dans vos pores, qui reste invisible, mais qui vous suit à vie. Il vous enlève quelque chose. Il vous enlève le plus important.

Votre intégrité.

Un mot me vient encore en tête : dégradation. Tout cela a été intimement dégradant. Le fait que nos institutions laissent faire ce type de comportement, qu'elles encouragent ce climat par leur inaction, est dégradant.

La dégradation, c'est ce qui vous désosse en silence, qui ne vous laisse plus rien de joli, de joyeux, de digne. C'est assassin.

Boat people de luxe

Cela vous susurre, en permanence, que vous n'êtes rien.

##

Noé depuis, n'avait pas cessé d'occuper de hautes fonctions. C'était cela qui nous rongeait le plus – non seulement il avait été protégé chez *FÉMININ*, mais il était promu, applaudi, remercié.
Glorifié.
J'avais eu vent de ses actions au sein de ses nouvelles équipes. Il semblait reproduire chaque fois les mêmes schémas.
À moi, ainsi qu'à ces femmes rencontrées, ses nominations successives rappelaient chaque fois l'humiliation vécue, comme si on écrasait un pouce invisible sur notre crâne, pour nous signifier que nous devions rentrer sous terre, pour laisser le récit patriarcal s'ériger grassement.
Le mouvement #metoo avait été digéré, mais une résistance continuait à s'opérer après la libération de la parole des femmes. On concluait qu'elles en faisaient trop, qu'elles étaient allées trop loin avec #balancetonporc, qu'elles peignaient une fresque trop manichéenne, certains penseurs comme Emmanuel Todd allaient jusqu'à énoncer qu'en vérité, le patriarcat n'avait jamais vraiment existé en Occident.

Féminin

Pourtant, moi, je le savais dans mes os, mes fondements.

Noé, dont on connaissait la réputation, les casseroles, les procès, se voyait accueillir à bras ouverts par les autres dirigeants. Il était couvert encore et encore, par les groupes de médias les plus prestigieux de France, prouvant bien que la farce sexiste avait supplanté toute chose, qu'elle nous gouvernait. J'observais de loin le peu de cas que l'on faisait de mon sort, le peu de cas que l'on faisait de la maltraitance des femmes en général, et pire encore, je voyais des ribambelles d'hommes tenter de reprendre le pouvoir sur nos vérités.

J'étais comme une épave rouillée, dans laquelle on foutait encore des coups de pied.

Quand est-ce que cela allait s'arrêter ?

J'étais soudain persuadée, que je devais finir ce livre. Il était plus urgent que le procès.

Quelques jours plus tard, on annonçait que Noé avait encore été nommé à un nouveau poste, dans un autre grand magazine français. Il s'est alors produit un événement étrange : mon corps, s'est cabré comme celui d'un cheval, j'ai jeté toute ma rage au sol devant mon compagnon, médusé, qui est venu me redresser.

NON, je criais, NON. Et je tapais le plancher, je tapais, encore et encore.

NON.

Plus jamais.

La hache de Noé

L'honnêteté n'avait plus aucun intérêt.
Je commençais timidement à percevoir la face B du monde, tandis que Donald Trump présidait, et que l'humanité s'enfonçait dans le Truman Show.

J'observais avec mélancolie les styles de vie que nous vénérions sur les réseaux sociaux : l'ultra-consumérisme, la mise en scène maquillée, le bling éhonté, qui dissimulaient à peine, notre trop grande solitude. Tous les masques Instagram, que j'utilisais moi-même, pour faire croire que mon quotidien était formidable, là où je me faisais souvent chier – je ne me situais pas au-dessus, je participais à ce grand cirque général.

Je n'en voulais même pas aux influenceuses, d'avoir volé notre métier, d'aspirer les derniers sédiments de notre lectorat : c'était une vengeance méritée. Au moins, elles gagnaient de l'argent à leur compte. Elles offraient des imperfections, des canons de beauté différents. Même si leur rébellion était, au fond, contenue dans le même cadre que *FÉMININ* : un cadre capitaliste, ultra-compétitif. Leur liberté s'arrêtait là où commençait l'obligation de se vendre, d'être populaires, likées. Quel que soit leur message, il fallait le rendre plus fort, alléchant, et par là, abîmer son sens original.

Le mensonge avait toujours été le plus bel allié du marketing.

J'interviewais alors le reporter Adam Curtis, qui avait réalisé le documentaire *HyperNormalisation* pour la BBC. Le film brillant, composé à partir de nombreuses images d'archives, expliquait comment nous avions progressivement glissé dans un monde fictionnel.

Dans les années 1980, les artistes et intellectuels contestataires s'étaient carapatés du terrain militant, pour cultiver une pseudo-révolte individuelle, et avaient laissé le récit capitaliste gagner. Les grandes industries avaient alors occupé la place vacante. Elles avaient compris que l'être humain avait besoin d'exprimer leur rébellion, et lui avaient proposé une palette de produits pour s'y adonner. Et ainsi, la consommation était devenue notre seul champ d'expression. Elle avait supplanté la pensée alternative.

Pendant ce temps-là, les figures politiques utilisaient le mensonge pour dissimuler le fait qu'elles étaient dépassées par le cours de l'Histoire.

Quand la vérité était devenue trop inexplicable, l'humain avait eu recours à la duperie, à l'échappatoire, à l'achat, pour mieux se raccrocher à une vision acceptable des choses.

Pour survivre, on s'était éloigné du réel, on avait tronqué la réalité, jusqu'à ce que nous soyons noyés dans le mensonge le plus total.

Le bobard rendait le monde plus lisible, les messages plus efficaces – on cherchait des fausses vérités car elles étaient implacables, elles traçaient un espace confortable, elles s'appuyaient sur des peurs, des clichés. C'était excitant, cela nous remplissait, contrairement à la fragilité plaintive de la vérité, qui offrait des perspectives trop complexes, trop nuancées, trop abîmées.

Le mensonge, claquait.

Et dans ce royaume de chimères, le roi était celui qui savait le mieux en user.

##

Pour me sortir de l'emprise de Noé, je décidai de consulter des psychothérapeutes.

Ma mère me soutenait, je lui parlais souvent au téléphone, mais elle ne saisissait pas bien ce qu'il m'arrivait, elle y voyait un simple chagrin d'amour. Au sein de sa génération, on n'identifiait pas vraiment les pervers, le sale type était presque l'étalon. Même si ma mère était féministe, qu'elle avait brûlé son soutien-gorge dans ses jeunes années, elle avait eu comme modèles des hommes à la misogynie planquée sous des cheveux longs, et des revendications marxistes. Eddie peinait à distinguer la toxicité masculine. Je ne lui jetais pas la pierre. Même si les déguisements avaient évolué, j'avais fait preuve du même aveuglement.

Suivant le conseil d'une connaissance, je consultais un psy dans le 7e arrondissement – un vieux bonhomme, presque à la retraite, un peu frappé, qui essayait de me refourguer ses bouquins à chaque séance, mais qui avait fait des pervers narcissiques sa spécialité.

J'avais une croyance moyenne en l'existence de ce profil, comme j'avais un rapport de confiance modéré à la psychothérapie.

Mais lorsqu'il commença à énoncer les caractéristiques de cette pathologie, je l'écoutai attentivement. Il faut savoir que l'une des premières armes du pervers, est d'isoler sa proie. Toutes les stratégies de Noé étaient visiblement condensées dans un manuel et faisaient partie d'un label mondialisé. Le plus étrange était que sans se connaître, ils suivaient la même tactique, à la lettre.

Je racontai à ce psy les grands traits de mon histoire avec Noé, et il sourit :

— Eh bien, celui-là, je le mets dans le top 3 de mon classement.

Il cochait toutes les cases du « bon » pervers, voire du pervers de compétition.

Les types comme Noé étaient visiblement des ogres qui se nourrissaient de l'amour et de la vitalité de leur cible, car au fond d'eux-mêmes, subsistait un néant affectif qui s'avérait impossible à combler. Tout ce que j'avais pris pour de l'amour n'était qu'un mécanisme inconscient visant à me vider, puis me détruire.

Dans le creux de Noé, on ne trouvait aucune forme d'empathie.

Je l'imaginais comme un cachot glacial – mais il était inconcevable pour moi, de me figurer cette excavation émotionnelle.

Comment ressentir, l'absence de ressenti ?

##

Fallait-il plaquer sur les hommes mauvais une pathologie précise ? Je n'en étais pas certaine. Selon moi, il était surtout nécessaire d'aller aux racines du mal, comprendre comment se bâtissait cette masculinité toxique. J'errais dans mes recherches. Je me shootais aussi aux documentaires ou livres sur les prédateurs.

C'était étrange de constater à quel point toutes les histoires se ressemblaient et à quel point, ces hommes empruntaient parfois certains traits à Noé.

Beaucoup d'entre eux avaient subi des violences étant jeunes, ils avaient été en position de faiblesse, dans le sens où la société actuelle l'entendait – ils n'avaient pas été considérés comme de « vrais hommes ». Ou ils avaient été timides, de petite taille, gros, nerd, pourvus de physique ambigu et fragiles. Ils avaient été des hommes abusés, et s'en servaient d'ailleurs pour se montrer vulnérables, auprès de leurs proies.

Il s'agissait d'une partie de leur stratégie pour inspirer confiance, mais aussi pour bien faire comprendre que, quoi qu'il arrive, la victime.

C'était eux.

Nombre de ces hommes avaient désiré être différents des modèles masculins proposés : ils étaient plus sensibles, plus brillants, plus doux, plus timides originellement. Mais on les avait raillés à l'école ou à la maison. On les avait contraints avec brutalité, à rejoindre la congrégation des mâles normaux. Cette impossibilité d'être qui ils étaient profondément, avait allumé une colère en eux.

Leur prédation naissait d'un désir de revanche. Ces hommes allaient plus tard user des grosses ficelles de la misogynie, pour passer de dominés à dominants.

À travers Noé, je comprenais le danger d'une société qui coupait les hommes de leurs émotions, de leurs aspérités. Le système patriarcal, enjoignait aux hommes de devenir des monstres, en les contraignant à entrer dans un moule qui n'était pas vraiment fait pour eux.

Au-delà des catégories, pervers ou prédateurs, je percevais dans ces hommes, l'incarnation du pire de notre société : comme s'ils avaient aspiré le poison extrême, d'une civilisation du mensonge et de l'exploitation, pour le personnifier.

Un juste retour de flamme, après s'être eux-mêmes fait écraser.

Le cycle de la brutalité, infernal, était ainsi bouclé.

##

Je notai aussi chez nombre de ces types, un désir de réécrire leur histoire.

Ils proliféraient dans les sphères culturelles, les médias, la politique, car ils étaient attirés par le beau et le pouvoir, par tout ce qui pouvait les extraire de leur médiocrité passée. Mais aussi parce que ces domaines d'expression leur permettaient de déployer leur storytelling. Ils utilisaient leur art pour se dédouaner, et dérouter leur entourage. Ils savaient nous rendre complices, nous faire entrer dans leur folie.

Ils se planquaient derrière de bons films, de jolis morceaux ou des discours haletants. C'est pour cela qu'on tombait sous leur charme, ou que l'on avait du mal à les voir en salauds – parce qu'ils avaient compris que la société ne vivait que par le récit.

Noé s'était glissé dans un journal féminin. Il s'était logé au cœur de son obsession et cela était presque trop gros pour que l'on puisse le débusquer.

Il écrivait sur les femmes avec une verve que tout le monde admirait. Mais qui, pourtant, suscitait une forme de gêne à la lecture.

Il faisait une apologie intime des musiciennes ou des comédiennes, des éloges sensuels, comme s'il s'agissait de ses conquêtes – il y avait chez lui le désir de posséder les femmes, au même titre que l'on possède des œuvres d'art, et dont on finit, à force de passion, par se lasser. Ces femmes qu'il admirait, semblaient toutes interchangeables, il vivait avec elles la même histoire – l'important n'était pas tant leur personnalité, que ce qu'elles lui apportaient. Elles étaient un outil, pour lui permettre de regagner une virilité jamais conquise, de combler un manque.

Sa nocivité était au cœur de ce qu'il écrivait – il suffisait de relire ses papiers avec un peu plus d'attention, et pourtant, personne ne s'en était jamais ému.

Pas même moi.

Mais c'est justement ainsi que cette typologie d'individus nous dupait – par la force de l'évidence, le mensonge trop imposant, par ce « bling » mis en place, qui nous empêchait d'apercevoir le danger derrière.

##

Noé avait choisi le mensonge comme philosophie. Je ne sus jamais si c'était conscient ou non, ou si à force de petits arrangements avec la réalité, il avait perdu le fil de la véracité. Il avait bâti la majorité de sa vie, en se mentant à lui-même.

Pour le distiller, il désorientait son interlocuteur et attendait que ce dernier se sentît instable, fragile – à sa merci. Noé était taiseux, il ne dévoilait que des informations brumeuses, délivrait des phrases saccadées, des raisonnements dont il donnait l'impression d'être le seul à en connaître le dénouement. Il renfermait un savoir supérieur, excitant. Il créait le flou pour mieux dérouler, en filigrane, des scripts parfaitement élaborés.

Il interprétait plusieurs rôles. Sa couverture paternaliste le rendait crédible auprès des hommes puissants. L'habit du geek un peu maladroit le rendait inattaquable auprès des autres. L'amoureux émotif, l'âme sœur, cette partition-là, était réservée à ses proies.

Le mélange des genres était tellement perturbant qu'on ne savait pas vraiment qui il était : on doutait de tout, et même de ses exactions.

Et si d'aventure, on croisait l'arrière de la façade, on préférait retrouver le premier plan. La face planquée du personnage était trop froide, impalpable.

Noé était un abysse dans lequel on craignait de tomber.

Un mirage qui n'existait que par la somme de nos désirs, par notre aveuglement volontaire.

Il était ce que l'on voulait voir de lui.

Noé était malin ; s'il demandait un sacrifice général, c'était chaque fois, sous couvert d'un grand idéal.

Ce qui avait été le plus troublant, au fond, c'est qu'il avait réussi à me faire croire à un monde meilleur, et dans le même temps, à me dépouiller de toutes mes valeurs.

##

Avec du recul, je me disais que son rire faussé aurait dû m'alerter : toute sa mascarade, était lisible dans ce rire grêle, jamais franc, cette parodie de joie.

Tout était là.

Mais l'amour toxique comme la maltraitance psychique en entreprise, ne se décelaient jamais à l'instant T. L'abus de pouvoir formait un maillage, un tissage serré, qui se répandait sur plusieurs années.

Sa réalité était effacée par le présent du sentiment.

La hache de Noé

La prédation nécessitait une analyse a posteriori. Elle demandait un recul, un certain degré de désillusion. Elle attendait que les émotions se soient enfin étiolées, que l'emprise se soit un peu effacée, pour se révéler. C'était une observation trop tardive.

Je retrouvais, peu à peu, mon esprit critique.

Il fallait bien qu'existât un intérêt minime à mon désœuvrement : il me rendait plus clairvoyante.

Je m'arrêtai soudain à des détails qui me paraissaient au départ, insignifiants, ou des phrases, des sous-entendus, pour mieux les relire à l'aune de mes réflexions nouvelles. Je pouvais désormais comprendre leurs poids, leur signification. Il fallait voir le passé comme un documentaire et geler telle ou telle image, recoudre une vérité à partir de tout ce que j'avais perçu sous un mauvais angle.

Un détail soudain m'obsédait : les posters que Noé avait choisi de punaiser aux murs de son bureau. L'une des photos, signée d'un artiste contemporain, présentait une fleur en forme d'appareil génital féminin, sous une cascade claire – l'ensemble avait un côté bizarrement floral, presque innocent, qui habillait la pièce gentiment. Pourtant avec le recul, je découvrais à quel point cette image était obscène, presque insultante, pour toutes les femmes qui circulaient dans ce bureau fermé. Le cliché était disposé juste au-dessus de leurs têtes quand elles s'asseyaient face à Noé, comme si de façon évidente, il ne les réduisait qu'à cela – à leur con. Elles avaient beau parler, argumenter sur des sujets, la vulve siégeait là, pour leur rappeler leur unique fonction biologique, les assigner à un rôle de fleur ouverte, disponible à se faire baiser.

Des jambes écartées.

Était-ce ce qu'il voyait d'elles quand il les convoquait ?

De la même façon, je n'avais jamais vraiment analysé ses propos. Mais tout d'un coup, des phrases me revinrent en mémoire. Je sortais des scènes qu'il m'avait décrites, du fil de mon cerveau – comme si j'avais enfoui des indices, des pièces à conviction, pour mieux les exploiter plus tard.

Noé à plusieurs reprises, m'avait signifié que toutes les femmes, cherchaient à le séduire. Il n'y pouvait rien, il était victime de cela. Il aimait conter l'anecdote d'une grande reporter féministe qui lui avait demandé un entretien pour proposer une chronique dans le journal. Elle était arrivée en minijupe, elle avait croisé et décroisé ses jambes sans cesse au cours du rendez-vous. Il était surpris, presque choqué : une activiste, vraiment, qui usait de ses charmes, pour arriver à ses fins ?

Noé était toujours très surpris, de l'intelligence sournoise des femmes, de leur capacité à manipuler, il le relatait sur le ton de l'humour.

Cela l'amusait.

Il me contait souvent les arrivées fracassantes de Sam dans son bureau, qui trépignait de ne pas avoir son attention. Quand il dépeignait Sam, elle était toujours peu vêtue : elle avait un jean très moulant, pour lui montrer ses fesses. Elle avait « quasiment dégrafé son soutien-gorge » pour lui vendre tel sujet.

Chaque semaine, un incident du même acabit se produisait : les femmes étaient complètement obsédées par lui.

La chronique qu'il m'avait attribuée, fut son chef-d'œuvre de perversité.

J'avais écrit des centaines d'éditos intimes, qui évoquaient des questionnements politiques, sur le genre, les droits des femmes, la liberté. J'y diffusais des idées issues de mes lectures sur le féminisme.

Si je n'y avais pas mis le nez depuis longtemps, j'avais senti qu'il était temps de renouer avec mes racines.

À travers mes voyages, j'avais rencontré nombre de femmes qui comme moi, désiraient se proclamer militantes à nouveau et sortir le mot « féminisme » d'où il avait été laissé, sous des couches de poussière et de perversité, de petits abandons journaliers.

À l'époque, Noé avait adoré mes propos.

Il complimentait sans cesse ce billet, m'envoyait une dizaine de longs messages ronronnant : lui dont les lectures fondatrices étaient féministes, il aimait que je le réveille. Il s'émouvait devant la beauté de mes phrases, mes intonations, tout était prétexte à son adoration.

Sans en avoir l'air, il avait réussi à placer le féminisme sous sa juridiction.

Il ne bougeait aucune ligne à ce que j'écrivais, car cela renforçait son image de grand pourfendeur des inégalités homme-femme. Plus je m'attaquais au sexisme, plus je dénonçais presque trait pour trait parfois, ce qu'il nous faisait subir chez *FÉMININ*, plus le fait qu'il en ait été l'initiateur, qu'il soutienne ce contenu, le dédouanait de fait, à l'extérieur.

La tactique était bien pensée.

Grâce à mon travail et aux écrits d'autres femmes du même acabit, il était insoupçonnable. Il devenait l'allié : celui qui nous permettait de nous exprimer, de dévoiler notre activisme, d'être tout à fait libres – il était un émancipateur, un libérateur, un sauveur.

Comment l'imaginer en prédateur ?

Cela n'avait aucun sens.

##

Noé avait de nombreuses parades pour avancer masqué.

Sa grande force avait été de clamer qu'il voulait traiter le féminin comme un journal « normal ».

La hache de Noé

À comprendre : il considérait qu'il n'y avait pas d'informations particulièrement féminines ou masculines et son désir était de faire un magazine qui pourrait tout aussi bien être lu par des hommes. Cela répondait à tous mes désirs les plus secrets : façonner un journal qui ne s'inscrive dans aucun genre en particulier.

La promesse était séduisante, mais à rebours, il s'agissait d'une véritable esbroufe.

Car Noé voulait préserver l'économie du journal féminin, et ne changea rien à la représentation des femmes dans le magazine – il vantait au contraire, les mannequins, les actrices, le star-system, dont il était féru. S'il affirmait créer une forme d'équilibre, c'était en y intégrant de nombreuses plumes « pointues », et majoritairement masculines.

In fine *FÉMININ* affichait non seulement un féminin premier degré, mais il se voyait empli de très nombreux écrits de ses amis, dont Noé glorifiait le talent.

Il avait progressivement amené à bord un petit cénacle d'hommes se prévalant du titre d'intellectuels – ils étaient, contrairement à ces pauvres filles de *FÉMININ*, de grands écrivains, des types qui œuvraient à France Culture, et qui étaient toujours plus ou moins prompts à vous apprendre la vie ou votre métier. Il fallait les aduler, les remercier, car ils sortaient *FÉMININ* des limbes de la stupidité.

Féminin

Sans jamais dévaloriser ouvertement les rédactrices, il leur signifiait, en filigrane, leur trop grande nullité.

Il planquait ses tactiques derrière un ton paternaliste, et condescendant – il nous maltraitait mais il nous aimait, il ne fallait pas l'oublier.

Pour lui l'affect s'infiltrait dans chaque décision, chaque prise de position : s'il nous punissait, ou nous infligeait de mauvais traitements, c'est qu'au fond, il voulait notre bien – qui aime bien châtie joyeusement, non ? D'ailleurs, une fois qu'il avait frappé un peu fort sur les doigts, il avançait vers l'enfant turbulent, s'asseyait près de lui, pour mieux le caresser de sa voix veloutée, lâcher quelques blagues de son rire faussé : rien n'était si grave, tout était un jeu, rien n'était important.

Il répétait :

— C'est moi le patron !

Et comme la direction l'y encourageait, tant qu'il s'employait à sauver *FÉMININ*, nous avions commencé à croire sa version des faits : il était tout-puissant.

Il avait définitivement expulsé les femmes les plus proches du pouvoir, car elles s'étaient permis de lui faire de l'ombre.

— C'est moi le patron !

Personne n'avait le droit de le contredire, de faire quoi que ce soit qui puisse obscurcir son aura, et qu'importe s'il pouvait donner un ordre, puis asséner le contraire l'instant d'après.

Il se galvanisait aux incohérences, car personne ne les relevait, personne ne l'affrontait.

— C'est moi le patron !

##

Pour redorer son blason, abîmé par les cancans sur notre liaison, il avait opéré une vaste entreprise de séduction.

Il multipliait les rendez-vous à l'extérieur.

Il s'en sortait avec les honneurs. Après quelques remarques sur son comportement déplacé, il était revenu en force dans les cœurs, prouvant sa droiture, son génie, son humour, son esprit. Et puis les hommes, on sait comment ils sont : toujours à s'amuser avec leur bite, non ? Ils sont ainsi, mais rien de bien méchant.

Les échos de ses frasques avaient beau fuiter, les gens revenaient des rendez-vous avec lui repus, émus.

Quelle assurance ! Quelle sensibilité !

Je n'avais plus de voix.

Nous nous éclipsions dans son ombre : nous cravachions, et restions de plus en plus tard au journal, par peur de perdre nos postes, tandis que Noé mangeait toute la lumière, occupait toute la place. Il avait déserté son poste à la rédaction.

Féminin

Avait-il déjà travaillé ?

Nombre des idées, de couv, de papiers, avaient été trouvées par ses employées. Il venait souvent en fin de semaine, pour inspecter les travaux finis, mandater untel ou unetelle de trouver des idées pour le numéro suivant.

Les rumeurs voulaient qu'il cherchât à partir de FÉMININ.

Il refusait de m'en parler.

Plus j'agonisais, plus il semblait plein d'allant.

Il arborait un air concerné en se rendant à ses pince-fesses ou ses défilés, il avait de longs pardessus en cachemire, dans lesquels il planquait son visage, il marchait le téléphone à la main, s'arrêtait devant quelques connaissances mais ne laissait jamais personne déranger sa cadence, briser son chemin.

Il était trop important.

Il renaissait rapidement de ses cendres – lui, le phénix qui n'était jamais vraiment tombé puisque le récit, c'est lui qui le possédait, l'écrivait, le tordait, inventait aussi bien l'épilogue, que le prologue, le début, la chute de l'autre, la fin.

Avait-il programmé ma date de péremption dès le début de notre relation ?

Je l'observais au premier rang de défilés, tandis qu'il scrutait les culs osseux et rosés des mannequins de dix-sept ans, et je crois que c'est dans ces petits instants précis de relâchement, dans cet œil

lubrique qui s'éclairait secrètement que je le rencontrai.
Le véritable Noé.

∗ ∗
∗

   Il me manquait un composant de taille pour achever ce texte et entamer une véritable guérison.
   Je devais choisir un camp.
   Savoir si je voulais me définir comme « victime », ou non.
   Ce n'était pas tant à la loi ou aux psys, de le déterminer : c'était à moi, de me réconcilier avec cette appellation.
   Après avoir discuté avec mes anciennes collègues, je m'offris une réponse partielle. Car je plaçais enfin ce qui s'était passé dans un tableau plus grand.
   Une donnée isolée avait peu de poids – elle devenait système, quand elle s'inscrivait dans une matrice plus large. Quand elle était une répétition. Le système patriarcal était une réitération des mêmes scénarios pauvres et meurtriers, à l'infini.
   Ces scripts formaient un récit populaire, qui finissait par coloniser les pratiques, manger les esprits. Le mensonge, gagnait par la force de la multiplication.

Il gagnait encore aujourd'hui : nous étions ensevelis sous les bobards : il suffisait qu'une femme s'exprime sur des crimes subis, pour qu'on la taxe de radicale, qu'elle devienne « l'inquisition » et à force de mauvais slogans, le mensonge gagnait, il grignotait les faits.

Il engloutissait nos récits, nos identités.

Il soutenait les prédateurs dans leurs actes. Ainsi Noé avait abusé de moi et avait tordu le récit à son avantage, car il savait qu'il pouvait compter sur le mensonge patriarcal pour le soutenir dans ses méfaits.

Me gommer du paysage.

##

C'est en attachant mon vécu à des dizaines d'autres, que j'ai choisi d'affirmer ceci :

J'ai été victime.

Ce n'était pas un caractère intrinsèque à ma personnalité.

Mais dans ce cas, oui, je l'étais.

Être victime, c'était trouver la force de ne pas être coupable.

Ce n'était ni plaintif, ni fragile, ni craintif, ni exagéré.

C'était puissant.

Une façon de prendre le pouvoir. D'interrompre le récit populaire pour injecter ma vision, de faire un gros fuck à toute l'infamie que l'on avait déversée sur moi. De retrouver la vérité des mots qui m'avaient construite.

Je savais qu'en choisissant cette possibilité, j'empruntais un chemin plus rocailleux, quasi impraticable, il y avait mille raisons de se taire, mille autres de ne pas le faire.

Mais c'était une décision politique.

Celle de dire : tout cela n'est pas normal.

##

Un jour, j'ai reçu un SMS de Noé.

Il me félicitait pour ma nouvelle vie et mon enfant. Ce message me parut couvant, protecteur – et je m'en suis voulu d'écrire ce livre, j'ai failli y renoncer juste à cause de ces quelques mots soignés de sa part. C'est comme cela que Noé opérait. En rappelant sa gentillesse parfois, pour que vous lui pardonniez, pour mieux vous donner un coup dans la nuque l'instant d'après. Il couvrait simplement ses arrières. Je ne crois même pas qu'il en fût conscient, il ne vivait que sur ses propres faiblesses, ses blessures.

Noé allait peut-être me diffamer, ou se rapprocher de *FÉMININ*, pour me faire tomber.

Cela n'avait pas d'importance.

Je tenais ma vérité désormais, elle était écrite, je la chérissais, elle me grandissait. Je me souviendrai toujours de ce que m'avait dit mon compagnon, lors de mon premier ouvrage, alors que je craignais de blesser mon père en écrivant sur lui.

— Qu'est-ce qui est pire ? Le fait que tu l'écrives, ou le fait qu'il l'ait fait ?

Si les prédateurs ne voulaient pas qu'on colporte leurs histoires, il fallait qu'ils cessent de les faire exister. Si la société voulait qu'on arrête de parler d'agressions, de viols, il fallait faire en sorte, d'arrêter de les perpétrer.

Nous n'étions que les tristes relais d'une histoire, que nous n'avions pas composée.

FÉMININ m'avait déjà tout coûté, de ma réputation, à ma carrière. Mon identité.

Je n'avais plus grand-chose à perdre. J'avais été promotion canapé, je serai sans doute autre chose.

Je me fiche absolument, de ce que cette société pense de moi.

Car je sais absolument qui je suis.

METOO SOUS PERFUSION

En 2017, la révolte commençait à grincer.

Je travaillais a minima pour la mode. Nos deux mondes avec Noé ne se rencontraient déjà plus : tandis qu'il siégeait au sein de l'élite, je redescendais de plus en plus sur le terrain.

Je me prenais d'adulation pour de jeunes activistes que je croisais : elles me ressemblaient dans leur hargne, leur ras-le-bol.

J'investissais la rue, je réintégrais les quartiers populaires de mon enfance, je m'éloignais de toutes ces pensées parasites et égotiques qui m'avaient entraînée vers de mauvaises directions.

Et puis, le #metoo explosa.

Enfin, l'Histoire allait se placer de notre côté.

Après m'être droguée à l'artifice et au mensonge ambiant, il me fallait des éclats de vérité, et voilà que je ne dormais plus la nuit, je lisais, encore et encore, les penseuses engagées, les philosophes, j'établissais des connexions. Je retrouvais Monique Wittig, Judith Butler, Gloria Steinem, Audre Lorde, toutes ces grandes idées, que j'avais délaissées.

Naomi Klein.

J'observais sur la Toile, se former un réseau balbutiant de jeunes femmes plus politisées, qui réinvestissaient les amphis et les AG que ma génération avait désertés. Elles se rasaient les cheveux et s'affirmaient non binaires, elles parlaient de s'extraire des diktats, tout ce dont j'avais toujours rêvé sans oser le faire.

Elles revenaient au cœur du politique.

Là d'où nous nous étions barrés.

Je m'inscrivis en première ligne, suivant tous les cortèges, les jeunes femmes avec les drapeaux violets, les cheveux roses, le cœur fluo, avec l'espoir corrosif, la fougue de leurs vingt ans.

Je prenais en plein visage, toutes ces existences fracassées qui devenaient visibles, toute cette injustice, cette peine planquée depuis des années, et cela m'ensevelissait, je ne m'étais jamais sentie aussi intrinsèquement mêlée à une cause.

Chaque mot trouvait un écho en moi, résonnait trop violemment, je ne parvenais pas à être neutre, mesurée, chaque nouvelle information m'éclairait un peu plus sur des années d'enfermement.

La lumière revenait. Elle balayait des années d'insultes, de contrition, d'humiliations.

Je n'étais plus seule, nous étions des milliers.

En devenant mondiale, notre vérité brillait soudain, elle nous avait été rendue.

Le monde se retournait, pour montrer une face nouvelle. S'ouvrait un nouveau terreau intellectuel, que je désirais fouler.

##

Noé m'avait définitivement marginalisée.

Comme je ne couchais plus avec lui, il n'admirait plus vraiment mes grandes capacités d'écrivain.

Il ne me commandait plus rien. Cela signifiait que je n'avais plus d'emploi. Mon rendement s'en ressentait et j'étais dans la terreur que l'on m'ôtât mon contrat bancal.

Dès que je croisais l'éditrice dans le couloir, la cheffe de Noé, je percevais la noirceur de son regard : elle me détestait de l'obliger à tenir secrète ma liaison avec le patron, elle n'en voulait pas à son protégé, qu'elle couvait – elle souhaitait ma peau, c'était palpable, même Arnaud le commentait :

— Tu devrais t'en méfier.

Je devais sauver les meubles. Noé m'avait lâchée dans le noir : mes collègues ne voulaient plus me voir mais je devais réapprendre à collaborer avec elles.

Je me rapprochai du pôle société. J'établis une trêve avec Virginie. Nous étions toutes les deux mues par le désir de faire du #metoo un numéro spécial et un grand dossier. Nous nous accordions sur le fait que nous devions être la plateforme du changement, donner enfin la voix aux femmes. Notre ambition n'avait pas de limite, nous désirions voir toutes les mannes imploser, les séries de mode reculer du magazine, devenir des anecdotes face à la prégnance de la révolution.

Il allait falloir tout changer.

Tout.

Il ne s'agissait pas d'une simple tendance à traiter mais d'un raz de marée qui allait venir noyer la matrice actuelle, la recomposer.

Chez *FÉMININ* pourtant, la révolte fut modérée.

Il y eut très peu de monde à la conférence de rédaction.

Beaucoup de filles avaient pris leur vendredi, d'autres étaient en voyage de presse, les quelques femmes présentes semblaient considérer le mouvement comme un phénomène lointain, intéressant bien sûr, à traiter évidemment mais pas d'urgence. Elles avaient prévu leurs plannings longtemps à l'avance et il n'y avait pas de place, on était à l'approche de Noël et toutes les « covers » étaient « déjà rentrées ».

Et puis, pendant l'hiver, c'était bien connu, il y avait une succession de numéros spéciaux, des opérations marketing pour alpaguer les lectrices avec des cadeaux.

Qu'est-ce qui avait créé cette apathie ? Sans doute que la rédaction avait été tellement frappée à terre, rossée, qu'elle ne voyait même pas, qu'une déferlante venait les sauver.

Les femmes s'étaient déjà toutes échappées, à leur façon.

##

Virginie avait insisté auprès de Noé.

— Oui bon, si vous en sentez l'importance, pourquoi pas. Mais attention à garder un esprit froid et critique, avait-il fini par répondre, avec un désintérêt marqué.

Une grande marque de mode « annonceur » menaçait de quitter le navire ces derniers temps, et il était tracassé. Il regardait ses mails, un peu fébrilement, sans poser plus de questions sur le contenu, c'étaient les pages de Virginie, au fond, elle faisait bien ce qu'elle voulait.

Noé n'aimait pas les manifestations.

Il aimait le féminisme mais il préférait l'évoquer à travers l'art pointu. Il appréciait quand la pensée militante n'était pas trop vilaine. Idéalement, elle devait avoir de jolis seins, une carrière indé, ou être enrubannée dans une robe siglée.

Pour lui le politique était laid, il n'entrait pas dans sa vision esthétique du monde.

Il proposa de mettre une comédienne féministe mais glamour et « pop » en couverture.

— Quid de Chloë Sevigny ? Elle a une carrière plutôt engagée, non ? avait-il lâché distraitement, tout en continuant à scruter son téléphone.

— Chloë Sevigny... ? On pensait plutôt à une militante féministe antiraciste ou à Christine Delphy...

— Non, pas de militantes, ni de personnalités noires. C'est trop clivant. Chloë Sevigny, ou vous trouvez une autre actrice qui parle du sujet en France, point barre.

Noé était exécrable ces derniers temps, il était d'une froideur glaciale, il n'avait plus une seconde à m'accorder, ce qui me plongeait dans un état de nerfs paradoxal. Je sentais encore l'emprise m'affaiblir, me seriner que je devrais retourner avec lui.

Je luttais.

##
Son indifférence face au déferlement #metoo était le plus dur à avaler.

Je détenais enfin la preuve que les droits des femmes n'avaient jamais été sa préoccupation, et que sa présence au journal, n'avait aucun rapport avec son désir de nous défendre.

Personne ne notait son indolence face à la révolution et pourtant, se révélait pour moi toute sa perfidie.

Je notais sa façon un peu impatiente et cynique de nous scruter, alors que nous lui exposions le plan de nos investigations, de nos articles, cette façon distanciée de traiter du sujet, comme s'il s'agissait d'un débat dispensable, cette position supérieure, qui tendait à indiquer que nous étions un peu ridicules de montrer toute cette fièvre, cette passion.

Cela me détruisait.

Soudain, le grand féministe qu'il était se détachait de son sujet. Il prenait peur, je le comprendrais plus tard. Jusqu'à présent, il avait pu se planquer, mais une grande lame de fond, s'apprêtait à l'exposer.

Il calmait notre ardeur, comme un papa tente de raisonner une adolescente un peu trop enflammée par un premier amour : c'était un épiphénomène, on ne savait pas encore sur quoi ça allait déboucher.

Lui avait mieux à faire. Il se dédiait plutôt à sa nouvelle maîtresse. Cette récente recrue, je l'avais appris, s'appelait Constance. Elle me ressemblait : un peu plus jeune, une allure punk, mais un cœur tendre, qui allait se faire dévaster.

Une femme puissante, mais avec une faille, dans laquelle il allait plonger sa main, pour mieux la posséder.

Je l'observais de loin, à travers la vitre de son bureau, pianoter avec emportement sur son téléphone, comme lors de nos premiers émois.
Le cirque n'aurait jamais de fin.
Avec Virginie, nous quadrillâmes le terrain.

##
Je ne dormais plus.
Nous avions rassemblé des militantes, avocates, philosophes, nous avions collecté les pleurs des femmes, le fil de leur vie cassée, leurs peaux abîmées, leurs revendications, nous avions composé un grand puzzle sanglant et brisé, recollant les récits intimes et les blessures privées, à une histoire plus grande, en train de s'ériger.
Nous avions été fières de porter ces écrits, fières de participer à une libération vitale, de nous sentir investies, de savoir que notre avenir en dépendait.
Nous nous faufilions dans des associations d'activistes musulmanes, des associations des droits des femmes à La Courneuve, Aubervilliers. J'étais révoltée : je couvrais les histoires terribles, des viols, des mariages forcés, le peu de moyens alloués aux structures spécialisées, et je découvrais à quel point les femmes étaient rabaissées. Leur statut était inférieur, précaire – cela se dévoilait dans toutes les strates de la société.
Nous étions des citoyennes de second rang.

Timidement, peu à peu, d'autres filles de *FÉMININ* brisèrent la glace, et vinrent nous rejoindre.

Nous avions été tant montées les unes contre les autres, que nous avions été incapables de nous unir. J'observais un mouvement, et j'espérais secrètement que ces nouveaux sables mouvants, engloutiraient Noé.

Mais il ne se laissa pas vaincre.

Il sentit la toile qui se tissait, peu à peu, autour de lui, et orchestra une réunion alternative.

Le journal sombrait : c'était aujourd'hui, notre vraie préoccupation, rappelait-il. Les ventes étaient au plus bas.

Il proposa diverses missions pour « rebooster » la « marque » *FÉMININ*. La manœuvre était intelligente : tout d'abord, il faisait passer le #metoo comme une préoccupation secondaire. Ensuite, il dispersait notre équipée.

Après le rassemblement, je me ruai dans son bureau. Il ramassait ses affaires prestement : il avait passé plus d'une heure à la rédaction, mais il devait vaquer à des choses plus importantes à l'extérieur.

J'étais sur les nerfs, pleine d'insomnie, de verve, de rage enfouie, et je lui fis face, avec vigueur.

— Je n'ai pas le temps pour tes plans marketing, Noé.

Il ne dit rien pendant un temps, regardant seulement ses mains et le sac en toile siglé d'un logo du luxe, qu'il emplissait de livres divers.

— Je suis le patron, Frankie. À présent, nous n'avons plus que cette relation. Et tu feras absolument tout ce que je dis.

— On a des rapports hiérarchiques, visiblement, quand ça t'arrange.

— N'oublie pas que si tu continues à travailler ici, c'est par ma simple et unique volonté.

##

Nous plaçâmes toute notre âme, dans ce dossier, malgré le peu d'intérêt qui nous était alloué.

Nous avions réussi à contourner l'exigence d'une actrice « glamour » en couverture, en proposant une jeune réalisatrice militante mais « sexy », en l'associant avec une grande penseuse, pour un entretien fleuve.

Toutes deux avaient accepté de poser sans maquillage – leurs beaux visages, avec leurs ridules, leurs imperfections, m'apparaissaient comme les traits du renouveau.

De l'après.

Et puis, ce coup de fil.

J'étais partie aux États-Unis pour suivre une marque sans intérêt, mais qui payait des pages dans le journal. Le voyage avait été fatigant, déprimant, l'excitation extrême des derniers jours s'écrasait sur la routine d'avant : l'obligation de répondre aux commandes de la mode, de participer à des séjours

Metoo sous perfusion

sans aucun sens. Le décalage horaire avait été particulièrement assassin, j'étais en Californie.

À 4 heures du matin, heure locale, je reçus un appel de Virginie. Je pensais qu'il s'agissait d'une dernière demande de correction. Nous avions peaufiné toutes les pages à la ligne près, je m'étais exécutée jusque dans l'avion, avant que cela ne parte à l'impression.

Mais sa voix tremblait.

— Frankie, il a recouvert le dossier.

Je ne comprenais pas.

— Il a décidé au dernier moment, de mettre ce chanteur sexiste en couv, parce qu'il est mort et que ce sera plus vendeur. Le dossier sur nos droits est remplacé par un type misogyne en Perfecto.

Noé n'avait même pas daigné nous informer de cette décision. C'est une taupe amie, une secrétaire de rédaction, qui avait compris ce qui se tramait et s'était empressée d'appeler Virginie.

Je voyais toute l'hypocrisie de la situation. Quand il voulait me baiser, Noé m'appelait cinquante fois par jour. Pour saborder mon travail, en revanche, il ne s'était pas fendu d'un coup de fil.

Virginie avait tenté de parlementer. Elle l'avait supplié qu'il décale ce numéro spécial et cette couverture qui était trop importante, pour être repoussée. Mais Noé avait refusé : toutes les autres couvertures étaient déjà programmées, il ne pouvait certainement pas déplacer celle de Charlotte

Gainsbourg la semaine suivante, car tout le monde aimait Charlotte. Ça vendait certainement plus que quelques féministes enflammées.

Et il avait mis un terme à la conversation.

— Je l'appelle tout de suite.

Quand j'entendis son ton coloré de haine, sa rancœur sombre, à l'autre bout du combiné, je compris que Noé attendait ma riposte. Il attendait que je l'appelle. Pour lui, tout cela n'était qu'un jeu.

Il me rétorqua simplement que nous verrions cela quand je rentrerais. Mais si je continuais à agir de la sorte, à lui manquer de respect, à ne pas considérer sa position hiérarchique, si je devenais une « folle, obsédée par le féminisme », alors j'allais être plus qu'invitée à travailler ailleurs.

Son animosité pointait, mais le ton était distant, clinique. Il voulait me faire passer pour une malade – il ne me répétait plus que cela, que j'étais dérangée, obsédée.

Je ne savais faire que cela, alors qu'il m'avait tout donné.

Me tirer une balle dans le pied.

##

Je ne fus jamais aussi pressée à l'idée de rentrer à Paris. Je tremblais, mon corps était possédé, il était crispé, tendu, prêt à se battre.

Metoo sous perfusion

Je voulais l'affronter.

Il était seul dans son bureau feutré, à texter tranquillement, souriant à ses messages, répondant avec frénésie, avec fièvre.

J'avais couru dans l'escalier étroit et tortueux qui menait à son royaume. J'avais ouvert sa porte avec violence, sans me soucier même des autres silhouettes présentes dans l'open space en contrebas.

— Tu...
— Ferme la porte.

J'empruntais un ton calme. C'était trop facile, trop évident de pousser à bout une femme, puis de regarder sa folie s'étendre. C'est ce que Noé désirait sans doute : que l'on puisse constater ma démence, que j'endosse le rôle de la groupie fêlée, de l'amoureuse contrariée qui devenait dangereuse. Je ne lui donnais pas ce plaisir, même si la tentation était grande.

Je l'attaquais comme une guêpe pique, encore et encore, sans m'arrêter, je le matraquais, tranquillement, et je m'étais attendue à ce qu'il repousse mon attaque, avec des excuses vides, mais il n'en fit rien.

Il fulmina, littéralement. Je n'avais jamais vu rien de tel.

Il essayait de se maîtriser, mais il pignait très fort, en suant, on aurait dit un petit garçon qui peine à la selle. Il murmurait, avec une rage contenue, qui devait l'embraser intérieurement :

Féminin

— Mais j'en ai marre, MARRE Frankie, mais POUR QUI TU TE PRENDS ? Tu pourris l'air de tout le monde, tout le MONDE.

Il tremblait avec les yeux révulsés, une sorte de crise de tétanie, mais avec des mots qui sortent comme une diarrhée. Des veines violacées semblaient soudain parcourir son visage cireux, formant un rhizome de plus en plus conséquent.

Pour un esthète, c'était franchement laid à regarder.

Les arguments étaient sensiblement les mêmes qu'auparavant. C'était moi le problème, je demandais toujours trop, je n'avais aucune gratitude pour lui, je n'avais aucune gratitude pour personne. Il m'avait mal évaluée ; j'étais stupide, même pas vraiment douée, il ne voulait plus me voir.

Plus jamais.

Je jetai une bouteille d'eau à travers la pièce dans un geste presque mécanique. Je n'avais plus de mots : plus rien à lui donner, il n'y avait de toute façon, rien à opposer à la contrevérité.

Il fallait je crois, refuser de débattre.

Le projectile entra en collision avec le tableau de la vulve qu'il avait encadré récemment et qui se décrocha, éclatant en mille morceaux sur son canapé.

Il me dit :

— Tu es virée.

##
Je ne le fus pas.
En tout cas, pas tout de suite.

Chez *FÉMININ*, un vent contraire s'était mis à souffler. Le journal pouvait être visé : le groupe devait absolument se racheter une âme de gauche, pour ne pas sauter dans la foulée du #metoo. Dans la presse en général, il fallait mettre plus d'humanité : des femmes noires, d'origine maghrébine, des personnes racisées, en couverture. Sans que cela soit énoncé dans ces termes, il fallait plus de diversité, pour coller au courant actuel, de peur que l'on perde les marques « annonceurs » qui elles aussi, commençaient à se racheter une conscience sociale. Les conférences de rédaction tournaient autour du pot : on proposait telle chanteuse, ou telle actrice en couverture, mais on évitait d'ajouter qu'on les choisissait uniquement pour leur couleur de peau.

On précisait simplement qu'elles étaient « cool ».

Évidemment, c'était fait avec enthousiasme et bonne volonté. Nous avions longtemps attendu ce grand vent d'égalité. Toutefois, c'était un peu gênant à scruter.

Le fait que l'on représente enfin ces femmes, soulignait encore plus leur absence de nos unes, pendant des années.

Quoi qu'il en soit, dans le sillage du mouvement #metoo, on se souvenait que la France n'était pas uniquement blanche et aisée. Il fallait montrer tout ce que l'on avait planqué par privilège : des femmes grosses, vieilles, métissées, des « gueules ». Le cynisme de cette brusque surenchère, ne choquait personne.

N'importe quelle marque qui avait célébré la blanchité pendant des années, exploitant des employés immigrés en bout de chaîne, sous-payant ses ouvrières dans ses ateliers, faisait un peu de Botox altruiste, et revenait avec des campagnes dignes d'une levée de fonds pour ONG.

Tout d'un coup, une autre partie du monde existait.

Des boîtes de production, me contactaient : n'avais-je pas une idée sur un sujet brûlant féministe ? Un reportage altruiste à dégainer ?

L'humanisme devenait un business – les gros producteurs se penchaient sur le sujet, car sur la Toile, le déballage de l'intime et des témoignages, faisaient des likes, on s'attendait donc à ce qu'ils fassent recette.

Le social devenait tendance.

Les maisons de luxe, mettaient des jolies LED pour consommer moins d'énergie dans leurs nouvelles boutiques boisées, assommaient leurs consommateurs avec des chartes de cinquante pages sur leurs engagements pour la planète, mais continuaient à surproduire des vêtements non recyclables, des accessoires en plastique et orchestrer leurs grands raouts coûtant des millions.

Metoo sous perfusion

Si la représentation de la diversité prenait de l'ampleur, c'est qu'elle devenait un marché. L'industrie avait vite saisi, qu'il y avait du fric à amasser – ainsi on captait l'attention d'autres potentiels acheteurs, on s'offrait d'autres opportunités.

S'il était lucratif alors soudain, l'altruisme plaisait.

##
Même Noé se piqua de devenir reporter de grandes causes.

Entre deux défilés, il signa un court papier sur une grogne sociale. Il était parti sur le terrain un quart d'heure, sa berline l'attendant gentiment derrière un bâtiment, tandis qu'il se plongeait dans le réalisme de la rue. Il avait été bouleversé. Il avait longuement décrit, sur un ton lyrique et emporté, que « même les vitrines des boutiques de luxe, avaient été brisées ».

Un carnage ! Il n'en revenait pas. Il parlait de « barricades », employant une langue littéraire, haletante et romantique, revampant les manifestants en trotskistes vintage, réinventant la précarité en lutte bien sapée. Aucune notion sociale ou politique n'était divulguée, aucun fait, aucun contexte : seuls comptaient la plume, l'habit activiste.

Virginie faisait une dépression, elle me dit :

Féminin

— Pour moi, publier cela, c'est franchement toucher le fond.

L'incident de la bouteille d'eau ne fut pas relaté à la direction.

Noé évitait soigneusement de parler de moi en haut de l'organigramme de l'entreprise, il faisait comme si je n'existais plus, pour mieux sauver sa peau. Weinstein, Polanski et compagnie, avaient clairement mis sur la sellette des types comme lui.

Il lui fallait manœuvrer encore plus intelligemment.

Toutefois, il ne me pardonna jamais cet affront.

Je l'avais vu en état de transe épouvantable, parce qu'on ne lui avait pas parlé avec suffisamment de déférence. Je l'avais vu pleurer parce que soudain, à un dîner d'entreprise, il voulait inviter tout le monde, mais que le terminal de carte lui refusait le paiement.

Préserver sa dignité, en ôtant celle des autres, était sa principale préoccupation.

Le fait que je l'attaque, était la première étape vers ma crucifixion.

##

Un second chaos vint supplanter le premier.

FÉMININ se préparait à être racheté par un groupe de médias spécialisé dans le brand content, c'est-à-dire, le contenu pour les marques.

Metoo sous perfusion

Des manifestations avaient lieu dans notre bâtiment et s'étendaient jusque dans la rue.

On pleurait la fin de notre liberté d'expression. Pourtant il ne s'agissait que de la suite logique de ce que nous avions construit. Je regardais cela avec consternation.

Je m'étais effondrée.

J'étais fatiguée de voir où se trouvaient les réels intérêts du monde, de mes patrons, une désillusion terrible, m'avait gagnée.

FÉMININ avait profondément altéré ma philosophie.

Pendant longtemps j'avais été confiante en nos institutions, je pensais de façon puérile, que les gentils gagnaient à la fin, que le social prévalait, je n'avais rien compris du monde, et *FÉMININ* s'était chargé de faire mon éducation tardivement. Il me laissait soudain, dans un vide, immense – j'avais le cœur et l'esprit en charpie, je ne voyais plus aucune issue à rien. On me prescrivit des antidépresseurs et un arrêt maladie.

Ce n'était pas le premier, je ne les avais jamais exposés à la médecine du travail.

Je n'avais pas été assez comptable, dans une société qui ne sait que chiffrer.

L'éditrice passait des heures dans le bureau de Noé : dans la dérive, ils formaient un duo de plus en plus soudé. Je les voyais parlementer, agiter les bras – leurs visages paraissaient soucieux. Même leurs langages corporels respectifs, indiquaient une situation d'urgence.

Je n'avais jamais réalisé à quel point ils incarnaient un couple parfait.

Dans ma tête l'éditrice représentait le capitalisme et Noé le patriarcat, et je découvrais, à quel point ces deux systèmes usaient des exacts mêmes ressorts.

Le boniment.

La dégradation progressive de leurs proies.

L'exploitation.

Le renversement de la faute, la culpabilisation.

Il y avait des similitudes implacables, une imbrication parfaite. Un pacte autour de valeurs communes.

Noé et l'éditrice ne s'étaient pas rencontrés pour faire un bon journal dédié aux femmes. C'est comme s'ils s'étaient tous deux serré la main un matin, en se promettant de nous utiliser à leurs fins. Pour l'un comme pour l'autre, rien ne comptait sauf l'érection de leur ego, le fric, la sauvegarde financière du titre, et tout ce qui existait au-delà – les droits des employées, le bien-être social, le contenu de *FÉMININ* – était dérisoire.

Les couvertures de magazine féministes qu'ils vendaient n'étaient que des enveloppes creuses, dissonantes, qui servaient leurs intérêts.

L'éditrice avait toujours couvert Noé parce qu'ils étaient similaires – Noé avait toujours cherché une âme sœur, il l'avait finalement trouvée.

Mais leur combine n'avait que piètrement marché : notre lectrice n'était sans doute pas si stupide qu'ils l'imaginaient, elle leur avait répondu, en manifestant son désintérêt.

FÉMININ coulait définitivement, à cause de leur mauvais management.

Maintenant que le navire sombrait, Pif et Paf devaient juste trouver une tactique pour quitter le navire avec panache, en laissant les autres ramer.

##

Noé, qui m'avait ignorée ces dernières semaines, désira soudain m'exprimer sa sollicitude. Je m'étais réfugiée chez ma mère, je passais mes journées, étendue sur son canapé, avec mon ordinateur, sous une vieille couverture, à observer l'âtre de la cheminée. Je ne pouvais plus rien faire d'autre.

Je peinais à communiquer avec les autres, à leur expliquer ce qui se tramait, je ne parvenais pas à reconstituer les faits.

Mon silence était retentissant.

J'écrivais quelques menus papiers, que Virginie voulait bien me concéder.

Noé m'appela.

Féminin

— Tu sais, c'est bien que tu restes comme ça, un peu en dehors de la rédaction, à prendre l'air. Tu n'as pas besoin d'être ici, au fond, tu peux venir juste de temps en temps, pour proposer des idées et travailler de chez toi. C'est mieux comme ça. Cela va t'inspirer le dehors ! Non ? Tu vas trouver un souffle nouveau, de bons sujets ! Repose-toi bien.

Dans un dernier élan candide, j'avais imaginé qu'il s'inquiétait réellement de mon état de santé.

Je compris plus tard qu'en vérité, il avait été sommé par l'entreprise de m'éloigner de la rédaction. À l'approche imminente du rachat, les dirigeants avaient mandaté leurs sbires pour écrémer les rangs, en commençant par les statuts les plus illégaux, ou suspects. Le fait que je sois moins au bureau, allait permettre d'avancer que je n'étais qu'une simple pigiste et me virer sans contrepartie.

Derrière son ton mielleux, ses vœux sucrés, Noé creusait joyeusement le sillon de mon éviction.

Un soir, ma mère et moi avons pris un verre près du feu. Je sentais qu'elle voulait exprimer quelque chose. Je m'attendais à ce qu'elle critique *FÉMININ*, cet univers qu'elle n'avait jamais aimé, mais au lieu de cela, elle évoqua son travail. Elle ne décrivait ses journées en classe, que très rarement – c'était quelqu'un d'endurant, qui luttait en silence. Il était étonnant de voir à quel point je m'étais agitée ces dernières années : j'avais gueulé dans les médias, je m'étais affichée, j'avais produit, surproduit de l'image pour obtenir un écho parfois creux. Tandis que ma mère, plongée dans la réalité crue du monde, dans ses écoles précarisées, n'en parlait jamais. Comme si un monde pourtant essentiel, devait rester mutique, tandis qu'un autre, égotique, superficiel, proliférait.

Une hiérarchie insensée, arbitraire.

— Ton histoire, ça me fait penser à mon inspecteur.

Elle me confia que son supérieur lui avait fait des avances qu'elle avait refusées, et depuis, il lui faisait vivre le pire, la saquant à chaque contrôle, portant sur elle de fausses accusations, ignorant ses revendications. Il était allé jusqu'à s'approprier ses recherches et les dossiers sur lesquels elle avait planché, en les présentant sous son nom auprès du rectorat.

— Je me suis toujours battue, mais face à un mur. Ce n'est que récemment, que j'ai compris de quoi je payais le prix.

J'étais ébahie de découvrir que ma mère, si forte, se trouvait aussi démunie que je l'étais, et j'avais pris ses mains dans les miennes, maladroitement.

Si nous avions vécu dans deux univers tout à fait opposés, nous nous retrouvions, tristement, dans la même expérience de l'injustice de notre système.

Aucun milieu n'était épargné.

Que nous acceptions les avances ou que nous les refusions, nous étions toutes piégées dans la volonté masculine. C'est à ce moment précis, que l'idée d'un livre germa dans mon esprit.

Combien étions-nous, recluses dans notre silence, captives ?

Quelques jours plus tard, je m'aventurai à la rédaction, pour m'atteler à l'élaboration du dernier hors-série.

Mon bureau et mon ordinateur de fonction avaient été démontés sans que je sois prévenue. On m'avait prévu un nouvel office à côté des stagiaires.

Mon ancien bureau, m'avait-on expliqué, servirait de lieu de détente pour les pauses sandwich.

— Tu comprends, le bien-être de l'équipe, c'est plus important.

On faisait sciemment prévaloir un club jambon Daunat, sur la qualité de mes productions. Parler de « l'équipe » comme d'une entité extérieure à moi, m'indiquait que je n'en faisais déjà plus partie.

Noé s'était volatilisé. Il avait été nommé à la tête d'un titre encore plus prestigieux.

Aucun de ses nouveaux employeurs ne s'était visiblement ému de sa réputation avec les femmes ni du procès qu'il avait perdu. Le nouveau groupe qui l'embauchait était dirigé par un homme à la réputation sexiste et sulfureuse. Le fait que Noé ait des cadavres dans le placard devait, au contraire, lui rappeler sa propre trajectoire. Autant se soutenir alors que partout, des féministes « demi-folles » hurlaient aux fenêtres et les censuraient.

De toute façon, le contenu ne comptait plus – seul le financement était en ligne de mire. Couper des têtes, sauver l'image d'un titre – Noé se voyait chaque fois offrir la même mission. On se disait sans doute, qu'il allait effectuer le travail proprement, après tout il avait l'art de pousser les gens dans leurs retranchements.

Noé avait déjà participé au naufrage d'un magazine, mais on n'y prêtait pas non plus beaucoup d'attention – dans le récit patriarcal, il était un type hétéro, qui en avait dans le CV, et dans le pantalon.

Le plus cocasse fut que lorsque Noé quitta *FÉMININ*, et qu'une équipe exclusivement féminine reprit les rênes du contenu, le journal connut un net regain, et vendit beaucoup plus. Mais là encore, cela n'avait pas de place, dans le conte qui nous gouvernait. Qui pourrait croire de tels faits ?

Quelques semaines plus tard, et sans aucun hasard, l'éditrice de *FÉMININ* me virait.

Lorsqu'elle évoquait ma rentabilité déclinante, elle faisait référence aux périodes où j'avais été sciemment écartée de la rédaction par Noé, placardisée, ou celle où je m'étais éloignée pour cause de dépression. Elle savait de quoi il retournait, l'hypocrisie étincelait dans son œil, elle était excitée presque, rougeoyante de plaisir, de pouvoir enfin m'évincer.

Le cynisme, était à son apogée. Mais qu'importe – personne n'irait contrecarrer son plan.

Après m'avoir mise à la rue en un claquement de doigts, elle alla valider une couverture de *FÉMININ*, dédiée à la sororité.

Le soir, elle était conviée à un dîner féministe.

Entre-temps, elle se piqua de liker une photo du nouveau job de Noé sur Instagram, et d'y ajouter un cœur. Après tout, si elle devait bientôt partir elle aussi, autant se créer des opportunités.

##

J'ai fait ce que l'on m'a demandé.

Je me suis effacée du journalisme.

Alors que la lutte prenait de l'ampleur, que je voyais les questions féministes occuper le devant de la scène, alors que j'aurais dû m'inscrire au cœur d'un débat d'idées que j'avais, avec d'autres journalistes, aidé à porter au premier plan, je me suis tue.

Les magazines féminins et la mode, s'amélioraient progressivement. La diversité s'incrustait désormais jusque dans les équipes de certaines grandes revues. De plus en plus de designers racisés, prenaient la tête des maisons de luxe. Mais tout cela restait au service d'une industrie de la représentation – là où ce dont nous avions besoin, était un bouleversement structurel.

Était-il possible ?

Le problème ne venait pas des employés en bas de l'échelle, mais de ceux qui présidaient au sommet. L'économie qui les régissait. L'existence de cette presse et de ce monde, reposait sur les mêmes stratégies de gros groupes affamés, et c'était toute une structure de pensée qui était à démanteler.

Il fallait une révolution de fond, philosophique, et non de façade mais elle peinait à pointer.

Toutefois le réel investissait de plus en plus le champ du mensonge : une porosité, commençait à être observée.

Je suivais sur Instagram l'un des plus célèbres groupes d'écologistes radicaux. Il s'était récemment invité à un défilé d'une grande maison de luxe, où ses militants avaient brandi des pancartes « Fashion = Mort » devant des rédacteurs médusés. La mode était soudain déconténancée. Elle ne savait comment se comporter face à une révolte véritable, et non factice – comme gérer ce sursaut de vérité sur ses podiums. Les jeunes égéries grimées en tenues de la maison, qui étaient là pour incarner une certaine avant-garde, étaient déconfites face à l'incarnation plus pure de l'engagement véritable. Elles avaient choisi la voie de l'argent, de l'apparence même si leurs cœurs, sans doute, étaient avec leurs pairs. Ce face-à-face disait beaucoup de ce qui nous arrivait – entre le spectacle truqué mais plus brillant, qui prédominait et le discours politique réel, mal attifé, malmené, qui se voyait écarté du show.

Notre difficulté, à choisir entre les deux camps.

Quelques mois plus tard, je lisais que des employées des ateliers de confection d'une maison de luxe avaient manifesté pour de meilleures conditions de travail – après trente ans d'ancienneté, elles restaient mal payées, et certaines allaient aux Restos du cœur. Leurs revendications avaient été enfouies par les messages altruistes, philanthropiques que leur employeur avait diffusés tout au long des défilés, pour condamner publiquement la guerre en Ukraine.

On voyait encore la véracité s'effacer, sous une communication travaillée.

Un épais manteau de velours.

Je me dirigeais de plus en plus en périphérie du capitalisme – là où s'érigeaient de réelles réflexions politiques, modernes, qui renversaient une pensée commune, usée, mensongère.

La révolution se trouvait ailleurs – dans les nouveaux médias, les réseaux, dans la verve inouïe des intellectuelles issus des minorités, des militantes de terrain, qui repensaient la démocratie, en marge de celle-ci.

Je ne consultais plus de médias grand public, je ne travaillais plus pour aucun.

Je disparus, en quête de vérités nouvelles.

##
Je rêvais d'horizon.

De problématiques qui s'aplanissent.

Que la verticalité du capitalisme s'effondre, devenant une ligne claire, une partition, mettant à terre notre ego, notre désir de briller, d'aller plus haut, pour créer un monde de possibilités plurielles, juste et altruiste, un monde de nuances et d'humilité, de vérités à égales résonances.

— Il faut qu'on tue les méchants, c'est tout ! disait une jeune activiste que j'avais rencontrée.

J'aimais sa radicalité, elle était nécessaire même si pour moi, parfois, elle singeait le patriarcat turgescent.

— On est tous les méchants de quelqu'un d'autre, avais-je rétorqué.

Elle avait ri.

— N'importe quoi !

Il n'y avait pas de méchants.

Il y avait l'impossibilité d'être bienveillant.

Le décalage au cœur de la société était si grand, qu'une lézarde grandissait, comme la faille de San

Féminin

Andreas, et que cette fêlure centrale, nous dirigeait les uns contre les autres.

Notre histoire chez *FÉMININ* au fond, n'avait fait que pointer des écarts.

Cette injonction à être soi, mais pas vraiment.

À mentir, chaque jour, sur l'état du monde et sur ses propres désirs, pour garder son travail.

Cette responsabilité à s'engager, pour pallier le vide social laissé par les institutions, mais paradoxalement, notre obligation à participer au grand rêve néolibéral.

Tous ces faisceaux contraires et alambiqués, dignes d'une couverture de *FÉMININ*, avaient fini par nous empêcher d'exister.

Tous les chemins barrés, les impossibles, qu'offrait la société aujourd'hui, généraient cette violence sournoise, implacable, impossible à endiguer.

J'avais eu l'impression d'être paumée dans un labyrinthe de règles, d'us contradictoires et mensongers, qui avaient fini par faire de moi, l'inverse de ce que je désirais être.

Mais comment était-il possible de ne pas tomber dans ce terrible fossé, celui de l'absurdité contemporaine ?

Il n'y avait pas un coupable mais un faisceau de pièges, tendus parfois par nous-mêmes.

L'important, était de préserver sa vérité.

⁂

Il y a sans doute plusieurs explications à ma chute, ce ne sont que des hypothèses, des possibilités qui vont autant puiser dans ma vie personnelle, que dans les rouages du système dans lequel nous vivons.

On peut me penser fautive, responsable, à certains moments.

Je l'ai sans doute été.

Ce n'est pas parce que les hommes gagnent in fine, comme ils ont gagné chez *FÉMININ*, qu'il n'y a pas eu de mauvais agissements des femmes dans les interstices.

Être une femme n'est pas une expérience innée du féminisme.

Nous sommes parfois les premières à relayer les récits frelatés, sexistes, misogynes. Nous suivons nous aussi, les lois patriarcales, par méconnaissance ou par choix.

Mais ce qui est certain, c'est que nous sommes les seules à le payer.

Féminin

Si le récit est mouvant.
Notre fin ne change pas.
La sororité est un acte politique. Une vision commune, de la justice et de l'égalité. Parfois complexe à initier, qui dépend souvent, de notre degré de liberté.
Mais qui est possible.
L'après-*FÉMININ* m'a rassurée, car de nombreuses femmes m'ont soutenue, défendue, jamais un réseau ne m'est apparu aussi dense et salvateur.
Noé a questionné en moi cette urgence de déconstruire la masculinité toxique, qui s'infiltre dans chaque pore de l'épiderme social, et dont les hommes sont également les victimes, contraints par pression à prouver leur virilité, à aller à l'encontre de leurs désirs profonds, quitte à emporter toute la civilisation dans leur ombre.
En intégrant *FÉMININ*, Noé avait tenté de gagner un « masculin » qui n'avait jamais voulu de lui.
Comme j'avais voulu attraper un « féminin » qui se refusait à moi.
Nous n'avions rien trouvé, sauf de la peine, et de la violence.

##

Le patriarcat nous conte de fausses histoires.
Le capitalisme nous en serine d'autres.

Metoo sous perfusion

Des récits médiocres, étriqués, avec lesquels nous devons composer malgré nous, qui nous enferment et nous tuent, quand on laisse leurs mots gagner.

Nous laissons ces systèmes féroces esquinter chaque chose. Comme si c'était la condition nécessaire à notre existence.

La maltraitance.

Nous nous sommes accoutumés à elle.

À entrer au chausse-pied dans des codes qui nous asphyxient, nous avons pris pour habitude, d'être écrasés par nos supérieurs, d'abaisser notre vision de l'humanité, de marcher à l'inverse de nos valeurs, d'écrire des contrevérités, de négocier avec le faux, avec la nécessité de devenir un produit attrayant, qui se vend, qui réussit à force de vilenie, dans un système moribond.

Sans doute car la maltraitance nous a été inculquée dès notre jeune âge dans le giron familial – elle est une culture centrale, que l'on reproduit inconsciemment. Elle nous pousse à chercher l'amour, la validation, d'institutions malades.

La décision d'être toujours en phase avec sa propre morale, est une décision radicale. Elle demande de sortir du groupe, d'être exclu, précarisé. Elle a un prix.

Nous ne sommes pas toujours prêt·es à le payer.

Il est difficile de s'imaginer en dehors de la réussite telle qu'on nous l'a présentée. De s'éloigner d'un modèle dominant. Il paraît plus doux de se coller au groupe, au collectif, de suivre le mouvement général, même s'il est odieux, et dégradant.

Comment se libérer de ce cercle maudit ?

Je n'ai pas de réponse.

Je commence à effleurer quelques éléments, seulement, en m'inscrivant dans les marges.

De l'autre côté du mirage, il y a une réalité plus dure mais plus belle aussi, car elle permet d'observer la folie à distance, et de ne plus tenter de se conformer, mais de déconstruire.

Il a fallu que je touche les confins les plus durs et les plus froids, des lois qui gouvernent notre monde, une dernière fois, que je tombe au plus bas, pour mieux m'exfiltrer enfin.

Je ne sais jamais si l'expérience que j'ai vécue chez *FÉMININ* m'a menée ici, ou si j'ai été contrainte à cette nouvelle vie, et que je m'y suis plu.

Les deux, sans doute.

Aujourd'hui, j'aime être excentrée.

La plupart du temps je suis à mon secrétaire.

De ma fenêtre, je perçois la cour.

Un espace clos parisien, plutôt terne, quoique empli de végétation l'été. L'arrière de notre appartement donne sur une école et j'entends les enfants crier de façon spasmodique.

Il est vertigineux d'être là et de ne rien faire d'autre qu'écrire.

C'est effrayant, cet isolement.

C'est tout ce que je pouvais craindre à l'époque de *FÉMININ* – me retrouver à côté du monde, et non en son centre brûlant, végétant en silence dans un lieu solitaire. J'ai passé des années à sillonner chaque recoin de l'espace terrien, à vouloir être au cœur de l'actualité, et voilà que l'endroit le plus excitant que je découvre tardivement, est le silence de mon appartement.

C'est une de mes plus grandes découvertes, cette richesse qui vient de l'intérieur.

J'écris, je lis, j'analyse le monde en périphérie, pour mieux le réinvestir.

Renaître.

Je gagne moins d'argent, mais j'en ai moins besoin.

Je ne suis pas une parfaite ascète, j'aime encore le beau, je poste ma vie sur Instagram en attendant quelques likes. Je me trouve souvent pathétique, de me fondre dans le grand jeu général mais au fond j'ai peur d'en être tout à fait bannie.

Une chose est certaine : je ne suis plus la même.

En quelques années, j'ai grandi, vieilli. J'ai observé la civilisation sous ses dessous les plus sales. Je n'ai jamais autant été branchée à la réalité nue, celle que l'on enrobe derrière de grandes tirades néolibérales, celle que l'on cache derrière de grandes esbroufes patriarcales.

J'ai vu le décor se renverser.

Une vérité plus blafarde se révéler, et j'ai commencé à composer avec elle.

Cela a été un passage initiatique qui a transformé la femme immature que j'étais en personne avisée.

Cela a renforcé mon activisme, cela m'a réveillée.

Si je reste à l'intérieur, je sors régulièrement dans la rue – pour manifester, hanter l'espace public, je ne suis pas recluse, je me suis retranchée, pour mieux développer ma pensée.

##

Ici à l'ombre du monde, je vis au rythme de mon esprit, de mes idées, je compose mes journées, je ne suis rien sauf la somme de mes actions.

Je suis un mouvement structurel.

Je ne suis ni homme, ni femme, absolument pas « féminin » dans le sens où on l'a construit, certainement pas « promotion canapé » je ne m'inscris dans rien, sauf ce qui me plaît à penser, je ne suis aucun sexe précis, mon identité déconstruit toutes les normes que j'ai cherché à endosser.

Je suis tout à fait libre.

Je dessine en moi, un terreau hors la loi. Un lieu intime, qui est mouvant, plastique, mutant.

Metoo sous perfusion

Dans ce refuge mental, je transcende mon sexe biologique, je dissous les frontières, j'abats les arbres normatifs, pour trouver la lumière.

Je suis moi, dans mon absolue complexité.

Cela me permet d'imaginer la lutte, de façon plus morcelée, au-delà des catégories sexuées.

##
Je sais que ma vérité ne sera jamais tout à fait entendue, ni crue, qu'elle sera ensevelie sous d'autres points de vue. Qu'elle sera maintes fois ébréchée.

Mais cela n'est rien.

Si tous les Noé du monde pensent avoir gagné, pour moi, ils sont les rois d'un royaume de dupes prêt à s'autodévorer.

Il était important que j'écrive ce livre, malgré la douleur qu'il m'a causée, car c'est en continuant à agréger nos récits alternatifs, nos visions complexes, nuancées, que nous commencerons à former une masse, que l'on ne pourra plus repousser, un corps social, trop gros à ignorer.

J'ai la chance de vivre bien, de m'être relevée, d'autres n'ont pas de voix, des métiers plus durs, qui ne permettent pas d'avoir le temps de s'en échapper pour penser, ou lutter.

J'espère qu'un jour nous nous rejoindrons toutes et tous, femmes et hommes amoché·e·s, abusé·e·s,

Féminin

par le système, pour imposer notre vérité plus belle – pour cela il faut tenir, s'accrocher à elle, l'écrire, la chanter, la brandir, pour qu'elle se révèle.

Sous l'épaisse litanie du mensonge.

Le 23 mars 2022, j'ai gagné mon procès aux prud'hommes en appel.

TABLE

Welcome to nowhereland !............................ 17
Vol au-dessus de la crise 57
Cindy Crawford à Brest............................... 107
La chèvre et le chou 137
Des taxis volants.. 169
Complainte de la machine à café................. 187
Des mots en solde 215
Boat people de luxe 245
La hache de Noé.. 271
Metoo sous perfusion 295

Cet ouvrage a été mis en pages par

<pixellence>

CET OUVRAGE
A ÉTÉ ACHEVÉ D'IMPRIMER
SUR ROTO-PAGE
PAR L'IMPRIMERIE FLOCH
À MAYENNE EN AOÛT 2022

N° d'édition : 439671-0. N° d'impression : 100876
Dépôt légal : septembre 2022
Imprimé en France